UNIVERSITÉ DE PARIS. — FACULTÉ DE DROIT

DE LA

DÉTENTION

PRÉVENTIVE

THÈSE POUR LE DOCTORAT

PAR

Raoul FILHOS

AVOCAT A LA COUR D'APPEL

PARIS
LIBRAIRIE NOUVELLE DE DROIT ET DE JURISPRUDENCE
ARTHUR ROUSSEAU, ÉDITEUR
14, RUE SOUFFLOT ET RUE TOULLIER, 13

1898

THÈSE

POUR LE DOCTORAT

La Faculté n'entend donner aucune approbation ni improbation aux opinions émises dans les thèses; ces opinions doivent être considérées comme propres à leurs auteurs.

UNIVERSITÉ DE PARIS. — FACULTÉ DE DROIT

DE LA DÉTENTION PRÉVENTIVE

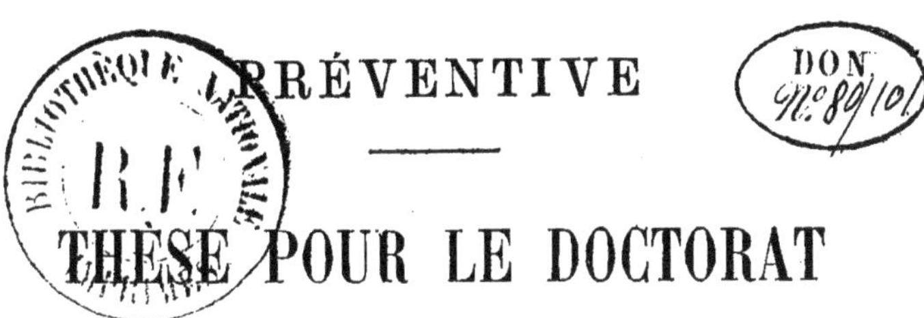

THÈSE POUR LE DOCTORAT

L'ACTE PUBLIC SUR LES MATIÈRES CI-APRÈS
Sera soutenu, le vendredi 22 avril 1898, à 1 heure

PAR

Raoul FILHOS

AVOCAT A LA COUR D'APPEL

Président : M. LE POITTEVIN

Suffragants : MM. SALEILLES, PILLET *agrégés.*

PARIS

LIBRAIRIE NOUVELLE DE DROIT ET DE JURISPRUDENCE

ARTHUR ROUSSEAU, ÉDITEUR

14, RUE SOUFFLOT ET RUE TOULLIER, 13

1898

A MON PÈRE

A MA MÈRE

DE LA

DÉTENTION PRÉVENTIVE

PRÉFACE

Nous nous proposons, dans cette étude, de faire ressortir, au double point de vue de la législation et de la pratique, quelles sont les garanties que le Code consacre à l'effet de soustraire la liberté individuelle à l'arbitraire des juges.

Dans une première partie, nous traiterons de l'arrestation des individus soupçonnés d'avoir commis une infraction et des moyens mis au service de l'autorité pour constituer les inculpés en état de détention préventive. Dans une seconde partie, nous nous occuperons des lois qui ont restreint la durée de la détention, et nous insisterons particulièrement sur la loi du 14 juillet 1865 relative à la liberté provisoire. Une troisième partie sera consacrée à traiter des compensations accordées aux individus qui ont été soumis à l'incarcération préventive, après que la détention a cessé. Nous consacrerons, en dernier lieu, une quatrième partie à l'exposé comparatif du système anglais rapproché du système français.

Il nous parait intéressant de choisir, entre toutes les législations étrangères, la législation anglaise, pour la mettre en parallèle avec la nôtre, parce qu'elle s'est formée sous l'influence à peu près exclusive des mœurs et des idées du pays; elle est en outre souvent citée comme un modèle de respect de la liberté individuelle. Qu'il nous soit donc permis de contrôler des dires aussi répandus, et de voir si réellement la législation et la pratique françaises peuvent avoir intérêt à modeler leur esprit sur le type des institutions de l'Angleterre.

INTRODUCTION

Dire que la détention préventive est un « mal nécessaire », c'est être d'une opinion qui rallie jusqu'aux suffrages des gens les moins éclairés sur la question. Mais toute nécessité a ses limites, et c'est peut-être avoir un bien maigre souci de les fixer, que de trancher une question aussi délicate à l'aide d'un axiome si bref.

S'assurer de la personne de l'inculpé, rendre l'instruction efficace en empêchant les influences extérieures d'exercer leur empire sur les hommes et sur les choses, tel est le but que le législateur se propose d'atteindre en autorisant l'incarcération préventive des individus. Mais, si d'une part la société a le droit et même le devoir de prendre les mesures les plus propres à assurer la sauvegarde de ses intérêts, l'individu a, d'autre part, droit à une large protection, lorsqu'il s'agit de soustraire sa liberté aux atteintes inutiles ou injustes du pouvoir.

Maintes fois s'est posée la question de savoir, qui de l'État ou des particuliers devait l'emporter dans ce conflit d'intérêts. « Le problème, dit M. Olier, ne saurait être résolu au profit exclusif de l'État ou au profit exclusif de l'individu; on ne saurait sacrifier l'un à l'autre. C'est dire qu'il faut trouver un moyen terme, essayer une conciliation entre les droits du pouvoir social et les droits éminemment respectables de la personnalité humaine » (1).

L'histoire nous apprend que la conciliation n'a guère été tentée que de nos jours et que les particuliers ou l'Etat ont, à tour de rôle, isolément joui des faveurs de l'ancienne législation criminelle.

Des origines au XIIIe siècle, la procédure est accusatoire ; l'instruction est publique, orale et contracdictoire, la détention préventive ne joue qu'un rôle des plus effacés. Peu à peu, une transformation s'opère à mesure que les pouvoirs publics grandissent ; à côté de l'ancienne procédure d'accusation publique, germe et se développe une procédure nouvelle, dont l'enquête avec son cortège de témoins et de titres forme la base.

Au XIVe siècle, le système inquisitorial devient de plus en plus en honneur ; l'instruction tend à devenir écrite contradictoire et secrète. La transformation fait des progrès constants, jusqu'au jour où le roi, vainqueur de la féodalité, efface des institutions tout ce qui peut entraver son absolutisme. Deux ordonnances, de 1539 et de 1670, marquent la fin de l'évolution. Désormais, la détention préven-

(1) Jean Olier, chargé du cours de droit criminel à l'école de droit d'Alger (*Dissertations sur la réforme de l'instruction préparatoire*).

tive devient la règle ; quant à la liberté provisoire sous caution, elle n'est jamais un droit pour l'inculpé, mais est laissée à l'appréciation discrétionnaire du juge, avec cette restriction, qu'elle ne peut pas être accordée lorsque le fait est de nature à emporter une peine afflictive et infamante.

Arrivons à la Révolution. L'article 7 de la déclaration des droits de l'homme portait : « Nul ne peut être accusé, arrêté ni détenu que dans les cas déterminés par la loi et selon les formes qu'elle prescrit ». — Un décret du 22 juillet 1791 rendit la détention préventive obligatoire en matière criminelle, tandis qu'au contraire, la liberté provisoire devait être de droit pour les délits à condition de fournir caution (3.000 francs minimun et 20.000 francs maximun) — L'assemblée constituante décréta que la détention serait obligatoire en matière afflictive et infamante et l'écarta en matière simplement infamante, mais sous l'obligation de fournir une caution désormais sans maximum ni minimum ; au cas où l'infraction n'était pas de nature à emporter une peine infamante, la liberté était de droit sans conditions. Inutile d'insister sur le côté très libéral de ces nouvelles prescriptions dont on comprend la portée.

Le Code de l'an IV vint créer le mandat de comparution pour les délits passibles d'une simple amende. D'autre part, il supprima le droit absolu et sans réserve à la liberté provisoire pour les prévenus de délits correctionnels. La perspective d'un emprisonnement de trois jours devait suffir pour autoriser le juge de paix à délivrer un mandat d'arrêt (art. 70). Toutefois, si le fait qui avait motivé le mandat n'était qu'infamant ou correctionnel, l'inculpé avait droit à sa liberté sous caution ; cette caution était évaluée à la somme fixe de 3.000 francs. La détention préventive était obligatoire pour les faits passibles d'une peine afflictive et infamante. C'était au directeur du jury d'accusation qu'il appartenait de mettre en liberté provisoire, les tribunaux et les cours n'avaient aucun droit à le faire. Pour ceux qui ne pouvaient pas fournir la caution légale, la liberté pouvait néanmoins leur être accordée.

La loi du 29 thermidor an IV défendit d'octroyer la liberté provisoire aux gens sans aveu, mais continua à l'autoriser pour les récidivistes. Le cautionnement ne restait plus fixe, mais devenait variable suivant les infractions. Pour les vols simples, le minimum de la caution était de 3,000 francs. Si la peine était infamante, la caution était de 2,000 à 6,000 francs. Si la peine était correctionnelle, le minimum était de 1,000 francs, et le maximum ne pouvait pas excéder le triple de l'amende dont le prévenu était passible. A condition de fournir la caution indiquée, le détenu avait droit à sa liberté provisoire. Rien n'était changé au Code de l'an IV pour les inculpés d'infractions de nature à emporter une peine afflictive et infamante. — La loi du 7 pluviôse an IX, créa le mandat de dépôt, dont l'effet devait être purement provisoire.

Nous voici maintenant, en présence du Code de 1808. Dès lors, plus guère de merci pour les détenus. La liberté provisoire ne sera jamais de droit, ni sans, ni même avec caution. Les inculpés sans domicile doivent être arrêtés, c'est une obligation. Le juge ne peut pas revenir sur l'arrestation qu'il a ordonnée ; seule, la Chambre du Conseil a ce droit. Point de liberté provisoire pour crimes ; en matière délictuelle, si le prévenu obtient cette faveur, c'est à charge de fournir un cautionnement de 500 francs au moins.

Les vices de ce système rigoureux se firent bientôt sentir, mais on attendit longtemps avant d'y remédier.

En 1842, une première réforme fut tentée, elle échoua devant la Chambre des Pairs. — Un décret du 23 mars 1848 permit d'abaisser le cautionnement sans limites. — La loi du 4 avril 1855 autorisa le juge à donner mainlevée du mandat de dépôt sur conclusions conformes du Ministère public. — La loi du 17 juillet 1856 vint accélérer la procédure en supprimant la Chambre du Conseil. — La loi du 20 mai 1863 abrégea la détention préventive en créant la procédure des flagrants délits. — Enfin, et surtout, la loi du 14 juillet 1865, que nous aurons à développer et à apprécier, consacra, dans certains cas, le droit à la mise en liberté provisoire, supprima le cautionnement obligatoire, et étendit la sphère d'application de la liberté provisoire facultative.

Depuis, la loi du 15 novembre 1892 est venue créer l'imputation de la détention préventive sur la peine encourue.

Notons encore la loi toute récente du 8 décembre 1897 sur l'instruction préparatoire, et mentionnons pour mémoire le projet voté le 7 avril 1892, par la Chambre des Députés, tendant à accorder une indemnité aux innocents poursuivis; projet qui échoua en 1895 devant le Sénat.

La série des réformes apportées au Code 1808, marque, sans nul doute, un grand progrès dans la législation. Mais il nous faudra rechercher, dans le cours de ce travail, si la conciliation souhaitée entre les intérêts opposés de la société et des individus, est aujourd'hui complètement réalisée, ou s'il n'y a pas encore quelque progrès à espérer.

PREMIÈRE PARTIE

ARRESTATION ET DÉTENTION

CHAPITRE PRÉLIMINAIRE

RÉGIME DE LA DÉTENTION PRÉVENTIVE

§ 1. — Régime des Maisons d'arrêt et de justice

Avant de commencer la description détaillée du rôle que joue la détention préventive dans notre droit et dans notre pratique judiciaire, nous croyons bon de donner un aperçu du régime de cette détention, et de la façon générale dont sont traités les détenus dans les maisons où cette mesure est mise à exécution,

L'article 603 du Code d'instruction criminelle s'exprime ainsi : « Indépendamment des prisons établies pour peines, il y aura, dans chaque arrondissement, près du Tribunal de première instance, une maison d'arrêt pour y retenir les prévenus ; et près de chaque Cour d'assises, une maison de justice pour y retenir ceux contre lesquels il aura été rendu une ordonnance de prise de corps ». L'article 604 ajoute : « Les maisons d'arrêt et de justice seront entièrement distinctes des prisons établies pour peines ». — Des nécessités pratiques se référant à des difficultés budgétaires, ne permirent pas de réaliser le vœu de la loi. A peu près partout, les accusés et prévenus furent placés dans les prisons départementales ainsi que les condamnés à moins d'un an, avec, il est vrai, le correctif généralement observé de la séparation par quartiers.

Après enquête parlementaire, et sur le rapport de M. Bérenger, de la Drôme, une loi du 5 juin 1875 intervint, introduisant le régime cellulaire dans les prisons départementales. En première ligne, furent soumis à l'emprisonnement individuel les prévenus et accusés, qui durent rester séparés pendant le jour et la nuit (art 1). Notons tout de suite, et nous verrons que cette prescription de la loi de 1875 a son importance pour nous, en matiére d'imputation de la détention préventive, que pour corriger la rigueur du régime cellulaire, la loi réduisit de plein droit d'un quart les peines subies sous le régime de l'emprisonnement individuel, pourvu qu'elles aient duré plus de trois mois et que le détenu ait passé trois mois consécutifs dans l'isolement. La réduction dût s'opérer en outre proportionnellement au temps passé dans les conditions prévues par la loi. — L'article 5 de la loi ajoute qu'un règlement d'administration publique doit fixer le régime intérieur des maisons consacrées à l'application de l'emprisonnement individuel. Le nouveau régime pénitentiaire doit être appliqué au fur et à mesure de la transformation des prisons (article 8). Pour assurer l'exécution des prescriptions de la loi, l'article 6 ajoute, qu'à l'avenir, la reconstruction ou l'appropriation des prisons départementales ne pourra avoir lieu qu'en vue du nouveau régime, et que les projets, plans et devis, seront soumis à l'approbation du ministre de l'intérieur, et les travaux exécutés sous son contrôle. — Pour faciliter la mise en vigueur de la loi, l'État est autorisé à subventionner les départements qui entreprennent des travaux d'appropriation de leurs prisons (article 7).

La loi de 1876, n'a, elle aussi, pu recevoir qu'un commencement d'exécution. Les statistiques démontrent qu'en 1885, sur 382 prisons, 15 seulement avaient été appropriées au nouveau régime ; depuis, ce nombre a cru, mais faiblement.

Devant ces constatations, on pensa qu'il était nécessaire de réglementer à nouveau la matière ; ce fut l'objet du décret du 11 novembre 1885. Quant aux prévenus et accusés, il est dit qu'ils doivent occuper des locaux distincts suivant la catégorie à laquelle ils appartiennent. Pour les prévenus et les accusés qui se trouvent en prison pour la première fois, le décret prescrit de les isoler de ceux qui ont des antécédents judiciaires. Les détenus des deux sexes sont toujours isolés. Des préaux et ateliers spéciaux doivent être affectés aux prévenus et accusés. Lorsqu'il n'y a pas de préaux distincts, le même préau doit servir, à heures différentes, aux diverses catégories de détenus. Quant aux établissements dont l'organisation ne permet pas la mise en vigueur du décret tel qu'il est conçu, les détenus doivent, autant que faire se peut, être isolés par groupes distincts, dont les prévenus et accusés sans antécédents judiciaires forment une catégorie, et les prévenus et accusés ayant des antécédents judiciaires une autre.

Il n'est laissé aux détenus ni argent, ni bijoux (sauf les bagues d'alliance), ni valeurs (art. 35). Les prévenus et accusés ne sont pas soumis à la règle du silence (art. 37), ils ne peuvent pas être astreints à la promenade dans les cours et préaux (art. 38). Ils peuvent recevoir des visites des personnes autorisées (art. 47). Ils peuvent écrire chaque jour ; leur correspondance est lue par le directeur ou le gardien chef, à l'exception des lettres adressées à l'autorité judiciaire, aux avocats ou avoués chargés de la défense (art. 50). Des peines disciplinaires sont établies pour faire respecter le règlement.

Le cahier des charges fixe la composition des aliments. Il y a deux repas par jour, l'un à 9 heures du matin et l'autre à 4 heures du soir (art. 53). Les prévenus et accusés peuvent acheter des vivres supplémentaires dont le prix est fixé d'après un tarif arrêté par le préfet. Journellement ils ont le droit d'acheter 500 grammes de pain, deux portions de viande ou de poisson, des légumes, fruits et autres aliments autorisés dans la prison, 75 centilitres de vin ou un litre de bière ou de cidre (art. 54). Ils peuvent en outre renoncer aux vivres tant ordinaires que supplémentaires fournis par la prison et faire venir du dehors, par jour, pour leur nourriture : du pain à discrétion, une soupe, deux portions de viande ou de poisson, des légumes, œufs, beurre, fromage, lait ou fruits, 75 centilitres de vin ou un litre de bière ou de cidre (art. 55). Ils ne peuvent faire usage de liqueurs spiritueuses, (art. 57). L'usage du tabac leur est permis, et ce n'est même que par décision ministérielle qu'il peut leur être retiré ou à titre de peine disciplinaire (art. 58). Les prévenus et accusés ne sont pas obligés de porter le costume de la prison ; ils peuvent louer de l'entrepreneur, des meubles, du linge, des effets de literie indiqués sur ce qu'on nomme le tarif de pistole arrêté par le préfet. Les prévenus et accusés ne sont pas astreints au travail, mais peuvent être admis sur leur demande aux travaux organisés dans la prison ; dans ce dernier cas, ils touchent les 7 dixièmes du produit de leur travail, et peuvent en disposer pendant leur détention.

Depuis le décret de 1885, une loi du 4 février 1893 s'est à nouveau efforcée d'amener la transformation des prisons. D'après cette loi, les prisons mal aménagées peuvent être déclassées (art. 2) ; ce déclassement oblige les départements à une reconstruction et à une nouvelle appropriation ; ils ont droit, dans ce cas, de la part de l'Etat, au maximum de subvention (art. 3). En outre et d'après l'article 1, les départements ont la faculté de céder à l'Etat la propriété des prisons et de se soustraire ainsi à la majeure partie des charges qui leur incombent.

Le dernier mot sur ce qu'est restée la pratique, par comparaison avec ce qu'est la loi, a, croyons-nous, été dit par M. Léveillé, le 12 novembre 1897, lors de la discussion du projet de loi sur l'instruction préparatoire. L'éminent député s'exprime ainsi : « Dans nos écoles de droit, nous essayons de faire comprendre à nos jeunes gens qu'il y a des lieux variés et distincts où quelques-uns subissent leur peine, d'autres, où sont enfermés provisoirement les détenus ; d'autres où sont enfermés provisoirement encore les accusés ; d'autres enfin où l'on retient les individus sous mandat d'amener. Puis, quand on a défilé cette terminologie savante, on est obligé de conclure que, dans la pratique, tout cela c'est trop souvent la même chose ».

Si nous mettions maintenant en regard de la condition qui est faite aux détenus et accusés, celle qui est imposée aux condamnés, nous nous rendrions aisément compte de la position favorable des premiers. Nous avouons pourtant, que quelques puissent être les exigences de la pratique, nous ne pouvons nous empêcher de frémir à la pensée que des innocents peut-être, privés déjà de leur liberté sont encore obligés de se plier aux exigences d'un règlement uniforme, qui, doux pour les uns, peut paraître très dur pour les autres. Certaines des prescriptions du décret de 1885 respirent la méfiance et ne sont déjà plus faites pour des innocents. Si l'égalité devant la répression est un bienfait, l'est-elle aussi, alors que somme toute, il ne s'agit que de prendre une mesure de sécurité et d'instruction contre des individus, qui, jusqu'à preuve contraire, sont des innocents, et que l'on va faire souffrir inégalement par des mesures égales.

Mais le dernier mot n'est pas encore dit sur le régime de la détention préventive, il nous reste à en peindre les aggravations.

§ 2. — Interdiction de communiquer

Le but que se propose le juge d'instruction en ordonnant l'interdiction de communiquer à l'égard d'un inculpé, est de l'empêcher d'exercer ou de subir des influences, ainsi que de falsifier la vérité au moyen de machinations, dans la combinaison desquelles il pourrait être aidé par des auxiliaires.

Le Code d'instruction criminelle ne dit rien de l'interdiction de communiquer, mais la pratique a considéré que les articles 613 § 2 et 618 l'autorisaient : « Le juge d'instruction et le Président des assises, dit l'article 613, pourront donner respectivement tous les ordres qui devront être exécutés dans les maisons d'arrêt et de justice, et qu'ils croiront nécessaires, soit pour le jugement, soit pour l'instruction ». Article 618 : « Tout gardien qui aura refusé ou de montrer la personne détenue ou de montrer l'ordre qui le lui défend sera poursuivi comme coupable ou complice de détention arbitraire. »

Chacun connaît la vive opposition qui accueillit dès le principe la pratique de la mise au secret. On n'ignore pas non plus certaines histoires d'aveux arrachés à des innocents au moyen de cette cruelle torture morale. Toujours est-il, que pour concilier les partis, une disposition de la loi du 14 juillet 1865 vint en réglementer l'usage ; elle est ainsi conçue : « Lorsque le juge d'instruction croira devoir prescrire, à l'égard de l'inculpé une interdiction de communiquer, il ne pourra le faire que par une ordonnance qui sera transcrite sur le registre de la prison. Cette interdiction ne pourra s'étendre au-delà de dix jours ; elle pourra toutefois être renouvelée. Il en sera rendu compte au Procureur général ».

Il est une observation qui semble s'imposer devant la rédaction de ce texte. Le Code d'instruction criminelle n'avait pas, expressis verbis, créé l'interdiction de communiquer, mais la pratique avait cru la trouver sous entendue dans deux articles du Code. Or, c'est à cette pratique évidemment très favorable à la mise au secret que l'on vient dire : « cette interdiction ne pourra s'étendre au delà de dix jours, *elle pourra toutefois être renouvelée* » et l'on s'imagine avoir fait quelque chose, voilà qui semble bien naïf. L'évènement prouve d'ailleurs que l'interdiction de communiquer n'en subit nulle entrave. Ajoutons, que cette toujours peu bienveillante pratique, a saisi au vol un oubli de la loi qui ne dit pas dans quel délai le Procureur général doit être informé de la mesure extraordinaire qui a été prise ; d'où il a été induit, que cette communication pouvait n'être faite que dans les états mensuels.

La polémique reprit donc, après comme avant la loi. Au moment de la discussion du projet de révision du Code d'instruction criminelle, le Sénat se refusa à toute innovation, mais la Commission de la Chambre décida que l'interdiction de communiquer ne pourrait pas durer plus de 20 jours; le juge d'instruction ne disposant que de 10 jours, et la Chambre du Conseil, qu'on se proposait de rétablir, devant avoir la faculté de prolonger d'une durée égale.

Le vœu de la Commission resta lettre morte. Ce n'est qu'hier, que la loi du 8 décembre 1897 est venue porter un coup décisif à la mise au secret.

Qu'il nous soit permis de rendre hommage à la persévérance de ceux qui ont ici lutté pour la cause de l'humanité. La pratique nous apprendra ce que peut être cette loi dans son application. En théorie, nous ne pouvons qu'applaudir à son esprit, qui est de rejeter la recherche exagérée d'un aveu qu'on ne peut ni ne doit extorquer à un inculpé. L'aveu est un moyen de preuve, est-ce donc à celui qui n'a même pas à prouver son innocence à devenir le propre agent de sa ruine en prouvant sa faute?

Voici ce que dit la loi de 1897 dans son article 8. « L'inculpé détenu peut, aussitôt après la première comparution, communiquer librement avec son conseil. Le paragraphe final, ajouté par la loi du 14 juillet 1865 à l'article 613 du Code d'instruction criminelle, est abrogé en ce qui concerne les maisons d'arrêt ou de dépôt soumises au régime cellulaire. Dans toutes les autres, le juge d'instruction aura le droit de prescrire l'interdiction de communiquer pour une période de dix jours; il pourra la renouveler, mais pour une nouvelle période de dix jours seulement. En aucun cas l'interdiction de communiquer ne saurait s'appliquer au conseil de l'inculpé. »

Il résulte de cette loi, on le voit, que dans les maisons cellulaires, la mise au secret disparaît complètement, et qu'elle n'est maintenue que dans celles où les nécessités pratiques n'ont pas encore permis d'appliquer ce régime. Lorsqu'elle peut être ordonnée, sa durée ne doit, en tous cas, pas excéder vingt jours au maximum, et l'interdiction ne vise jamais le défenseur. Souhaitons ardemment que nos prisons subissent prochainement une transformation qui permettra de rayer à jamais l'interdiction de communiquer du Code. Au reste, il faut remarquer que la loi du 8 décembre 1897 n'a en rien modifié la réglementation du droit de visite (circulaires 24 juillet 1866 - 26 août 1866). Le juge d'instruction peut donc, en fait, refuser le permis de visite ; mais il a été formellement reconnu au Sénat « que si le juge abusait de son droit et de ses prérogatives et rétablissait en fait le secret, il encourrait une responsabilité qui pourrait être sanctionnée par une décision du Garde des Sceaux. »

CHAPITRE I

DES ACTES QUI ORDONNENT L'ARRESTATION, ENTRAINENT LA DÉTENTION ET DE LEURS CONSÉQUENCES

§ 1. — **Généralités**

En règle générale, nul ne peut être arrêté qu'en vertu d'un ordre d'arrestation émané de l'autorité compétente. C'est là un principe qui a été posé par la constitution du 22 frimaire an VIII, dans les articles 77 à 82, que l'article 615 du Code d'instruction criminelle rappelle. Quiconque n'a pas reçu de la loi pouvoir pour arrêter ou faire arrêter une personne, et qui néanmoins procède à cette arrestation et détient illégalement un individu, se rend coupable du crime de détention arbitraire et s'expose aux peines sévères qui sont à cet effet prononcées par la loi. C'est en outre un crime que d'user dans les arrestations de rigueurs autres que celles autorisées.

L'autorité compétente générale pour délivrer des ordres d'arrestation et pour mettre les inculpés en état de détention est le juge d'instruction. Dès qu'il a été requis d'informer par le procureur de la

République, il peut aussitôt lancer un mandat et commencer d'instruire.

Dans l'examen que nous allons faire des divers mandats, il convient tout d'abord de mettre de côté le mandat de comparution que nous ne mentionnons que pour mémoire. Ce mandat n'est en effet qu'une assignation à se présenter, un ordre de comparaître pour être interrogé ; aucun déploiement de force publique ne l'accompagne et la détention n'en peut jamais résulter. Mais, si l'inculpé n'obtempère pas à l'ordre qui lui est intimé, le juge d'instruction peut alors lancer un mandat d'amener dont les conséquences sont plus rigoureuses.

§ 2. — **Mandat d'amener.**

Le mandat d'amener est un ordre, donné à tous huissiers et agents de la force publique, d'amener un individu par devant le juge d'instruction pour qu'il soit interrogé. Si la personne visée oppose un refus à l'ordre qui lui est signifié de suivre le porteur du mandat, la force publique peut être requise.

Au point de vue de la détention préventive, l'article 93 du Code d'instruction criminelle disait que le juge d'instruction devait interroger dans les vingt-quatre heures, l'individu qui était sous le coup d'un mandat d'amener. La loi n'ayant rien ajouté, des difficultés s'élevèrent au sujet de savoir où pouvait être subie cette incarcération de vingt-quatre heures. Dans la pratique, on trouva des expédients plutôt qu'on ne résolut la question. Et en effet, l'article 609 C. i. c. défend aux gardiens des maisons d'arrêt et de justice de retenir les inculpés qui ne sont pas sous mandat de dépôt ou d'arrêt, ou contre lesquels n'existe pas d'arrêt de renvoi devant une Cour d'assises, de décret d'accusation, d'arrêt ou de jugement de condamnation à une peine afflictive ou à un emprisonnement. Il ne pouvait pas en conséquence s'agir de conduire l'individu placé sous mandat d'amener dans une maison de dépôt ou d'arrêt, sans encourrir une responsabilité, qui eût pu se traduire par des poursuites fondées sur une détention illégale. La situation se trouvant telle par oubli de la loi, voici ce que devint la pratique : Toutes les fois que cela était possible, l'inculpé arrêté en vertu d'un mandat d'amener était conduit directement devant le juge d'instruction ; celui-ci interrogeait sommairement, pour la forme, l'inculpé, puis aussitôt, cet interrogatoire était interrompu, et si les charges paraissaient suffisantes, le juge décernait contre l'inculpé un mandat d'arrêt ou de dépôt en vertu duquel il pouvait être régulièrement détenu jusqu'à plus ample information. Si le juge d'instruction était empêché ou absent, si l'arrestation était opérée la nuit, l'individu arrêté était maintenu en surveillance à la Chambre de sûreté qui existe dans tous les chefs-lieux d'arrondissement; spécialement à Paris, il était conduit au dépôt de la préfecture de police; c'est là qu'il attendait sa comparution.

La loi du 8 décembre 1897 est venue trancher la difficulté dans son article 2, en ajoutant cette phrase à l'article 93 du Code d'instruction criminelle :.... le juge interrogera dans les vingt-quatre heures *de l'entrée de l'inculpé dans la maison de dépôt ou d'arrêt.*

Ce complément à l'article 93 paraît n'avoir été adopté par la Chambre que pour éviter de renvoyer la rédaction de l'article 2 à la Commission, ce qui eût occasionné des lenteurs qu'on voulait éviter. M. Henri Blanc, député, s'éleva vivement contre cette innovation, disant qu'on empirait le sort des inculpés et qu'il serait impossible de concilier le nouvel article 93 avec l'article 609 du Code. Le rapporteur fit alors très justement remarquer, que si la Chambre votait l'article 13 du projet ainsi conçu : « Sont et demeurent abrogées toutes les dispositions antérieures contraires à la présente loi », il n'y aurait plus de contradiction, mais une mesure nouvelle parfaitement applicable. Le

Commissaire du Gouvernement, directeur des affaires criminelles et des grâces, M. Couturier, s'unit à M. Blanc pour attaquer la nouvelle mesure. Mais, en dernier lieu, M. Léveillé fit ressortir combien on grossissait la question, et demanda, au nom de l'intérêt même des inculpés, que le vote de la loi ne fut pas ajourné. Il en fut ainsi décidé.

Nous pensons, avec M. Léveillé, qu'on a eu grandement raison de passer outre à l'objection. Y aura-t-il lieu de revenir sur cette question? c'est possible, quoique l'intérêt nous paraisse des plus minces. En tous cas, si c'est une affaire de textes à mettre d'accord, nous sommes d'avis qu'il eût été fâcheux d'ajourner pour un tel motif une loi bienfaisante et ardemment attendue.

Quant au paragraphe 2 de l'article 2 de la loi, voici sa teneur qui peut se passer de commentaires. A l'expiration du délai de vingt-quatre heures, « l'inculpé sera conduit d'office, et sans aucun nouveau délai, par les soins du gardien-chef, devant le procureur de la République qui requerra du juge d'instruction, l'interrogatoire immédiat. En cas de refus, d'absence ou d'empêchement dûment constaté du juge d'instruction, l'inculpé sera interrogé sans retard, sur les réquisitions du Ministère public, par le Président du Tribunal ou par le juge qu'il désignera, à défaut de quoi, le procureur de la République ordonnera la mise en liberté immédiate de l'inculpé. » En cas d'inobservation de ses prescriptions, la loi de 1897 renvoie aux article 119, 120 et 121 du Code pénal, pour les pénalités à appliquer (dégradation civique pour les fonctionnaires publics chargés de la police judiciaire. Six mois à deux ans de prison et seize à deux cents francs d'amende pour les gardiens et concierges des maisons de dépôt ou d'arrêt).

Les articles 4, 5 et 6 apportent des modifications importantes aux articles 100, 101, 102 et 103 du Code d'instruction criminelle, à l'égard des inculpés arrêtés en vertu d'un mandat d'amener à une certaine distance du chef-lieu d'arrondissement où exerce le juge qui a délivré le mandat.

L'individu mis en état d'arrestation à plus de 10 myriamètres (au lieu de 5, article 100 C. i. c.) de l'endroit où a été lancé le mandat, doit être conduit devant le procureur de la République du lieu où il a été trouvé : « ce magistrat l'interroge sur son identité, reçoit ses déclarations après l'avoir averti qu'il est libre de ne pas en faire, l'interpelle afin de savoir s'il consent à être transféré ou s'il préfère prolonger les effets du mandat d'amener, en attendant, au lieu où il se trouve, la décision du juge d'instruction saisi de l'affaire. Si l'inculpé déclare s'opposer au transfèrement, avis immédiat en est donné à l'officier qui a signé le mandat. Le procès-verbal de la comparution contenant le signalement complet est transmis sans délai à ce magistrat, avec toutes les indications propres à faciliter la reconnaissance de l'identité. Il doit être fait mention au procès-verbal de l'avis donné à l'inculpé qu'il est libre de ne pas faire de déclaration ».

Dans la législation antérieure à 1897, l'inculpé arrêté dans les conditions qui viennent d'être établies, pouvait ne pas être contraint de se rendre au mandat d'amener qui avait été délivré contre lui, mais alors le procureur de la République le plaçait sous mandat de dépôt, en attendant qu'il fut possible de se procurer les pièces de l'instruction et de faire subir un interrogatoire utile à l'inculpé dans son lieu de capture. Les pièces étaient ensuite renvoyées au juge originairement saisi, et pendant tout ce temps encore, l'inculpé restait sous le coup du mandat de dépôt. D'autre part, si le prévenu avait été trouvé muni d'effets, de papiers ou d'instruments qui pouvaient faire présumer qu'il était auteur ou complice du fait à raison duquel il était recherché, le mandat d'amener devait être dans ce cas pleinement exécuté contre lui.

Il résulte de la nouvelle législation, ainsi que le dit la circulaire du Ministre de la Justice en date du 10 décembre 1897, « que le législateur s'est inspiré de cette pensée, que l'inculpé, dont l'honneur et la liberté sont en jeu doit être laissé le seul juge de ce que son intérêt peut lui commander.... et que, dans aucun cas, le procureur de la République n'aura plus le droit de décerner le mandat de dépôt prévu par l'article 100 du Code d'instruction criminelle ».

Au cas où l'inculpé s'oppose au transfèrement, les formalités édictées par la loi une fois remplies, les pièces sont adressées au juge d'instruction saisi de l'affaire « qui décide, aussitôt après la réception de cet envoi, s'il y a lieu d'ordonner le transfèrement » (art. 6).

§ 3. — **Mandat d'arrêt.**

Le mandat d'arrêt, que nous trouvons consacré dans le Code de 1808, figurait déjà dans le décret de septembre 1791 et dans le Code de brumaire an IV.

Jusqu'à la loi du 14 juillet 1865, le mandat d'arrêt eût un caractère définitif en ce sens qu'une fois délivré, la détention qui en résultait ne pouvait plus être levée par le juge d'instruction que par une décision au fond. La loi de 1865 est venue modifier cet ordre de choses et consacrer le caractère révocable du mandat d'arrêt.

Outre les formalités requises pour la validité de tous les mandats en général, formalités qui sont édictées par l'article 95 du Code d'instruction criminelle « les mandats de comparution d'amener et de dépôt seront signés par celui qui les aura décernés et munis de son sceau ; le prévenu y sera nommé ou désigné le plus clairement qu'il sera possible » le mandat d'arrêt doit encore (art. 96) contenir l'énonciation du fait pour lequel il est décerné et la citation de la loi qui déclare que ce fait est un crime ou un délit.

Ces formalités spéciales étaient, dans les habitudes judiciaires, une cause de défaveur pour le mandat d'arrêt. Ici réapparaît cette pratique, si vicieuse selon nous, de la recherche de l'aveu. Nous avons vu, qu'en supprimant en grande partie l'interdiction de communiquer, la loi de 1897 est venue porter un coup important à cette pratique. Cette même loi, dans son article 3, exige que le juge d'instruction fasse connaître à l'inculpé, lors de son premier interrogatoire, subi, alors qu'il n'est encore que sous le coup d'un mandat d'amener, les faits qui lui sont imputés. Il reçoit ensuite ses déclarations, mais après l'avoir averti qu'il est libre de ne pas en faire,

Selon une opinion assez accréditée, c'est fournir une arme à la défense, un champ libre aux supercheries et aux inventions mensongères, que de faire connaître à l'inculpé le fait à raison duquel il est poursuivi. Pour obvier à cet inconvénient supposé, les juges d'instructions avaient jusqu'ici préféré à l'usage du mandat d'arrêt, l'emploi du mandat de dépôt, qui était délivré après un habile interrogatoire, dans lequel l'inculpé ne pouvait pas démêler la faute qui lui était reprochée.

Quant à nous, nous avouons ne rien comprendre à cette façon de faire. Ou l'individu est coupable, alors il sait parfaitement pourquoi on le poursuit et peut tout à loisir se forger un plan de défense; ou il ne l'est pas, et alors, prétend-on l'amener, en lui cachant le fait qui lui est imputé et en le questionnant sous toutes les faces, à faire un semblant d'aveu dans une réponse qu'on interprètera à contre sens?

Donc, la loi de 1897 s'est encore ici montrée bienfaisante; mais à notre avis, on peut aller plus loin dans cette voie. Pourquoi le mandat d'amener ne contiendrait-il pas lui-même l'énonciation du fait incriminé? Puis, nous le verrons bientôt, il est des cas où un mandat de dépôt peut être lancé contre un inculpé, sans qu'il ait été préalablement interrogé; dans ce cas, la procédure nouvelle de la loi de 1897 ne sera qu'incomplètement applicable et le juge d'instruction pourra cacher à l'inculpé arrêté la cause de la poursuite, malgré la présence de l'avocat à l'instruction. Voilà qui n'est certainement pas en harmonie avec les nouvelles prescriptions de la loi.

En résumé, nous ne voyons pas de bonne raison pour refuser d'insérer dans tous les mandats le motif de l'inculpation; bien au contraire, nous y trouvons une garantie nouvelle pour la défense qui est sans inconvénients pour les besoins de la répression.

§ 4. — Mandat de dépôt

Le mandat de dépôt apparut postérieurement à la naissance du mandat d'arrêt. C'est la loi du 7 pluviôse au IX qui le consacra. De là, il passa dans le Code de 1808.

La détention qu'il entraînait devait être purement provisoire; le juge d'instruction conservant le pouvoir d'en donner mainlevée à un moment quelconque de l'instruction sur conclusions conformes du procureur de la République.

Toutefois, cette différence entre le mandat d'arrêt et le mandat de dépôt n'était pas formellement indiquée dans le Code de 1808; la pratique en profita pour dénier à celui-ci son caractère provisoire. C'est une loi du 4 avril 1855, qui, en rectifiant l'article 94 C. i. c., a nettement marqué cette opposition.

Nous avons vu que le 14 juillet 1865, le caractère révocable du mandat de dépôt fut étendu au mandat d'arrêt.

La principale différence entre les deux mandats se trouve donc être aujourd'hui dans leur rédaction ; le mandat de dépôt n'énonçant pas le fait qui donne lieu aux poursuites.

Ajoutons, qu'au cas où l'inculpé a fui à l'étranger, ce n'est que sur mandat d'arrêt qu'on peut obtenir son extradition.

§ 5. — Ordonnance de prise de corps

Indépendamment des mandats dont nous venons de parler, l'arrestation d'un individu peut être opérée, soit en vertu d'un jugement ou d'un arrêt de condamnation, hypothèse dont nous n'avons pas à nous occuper ici, soit sans aucun ordre écrit, ainsi que nous le verrons bientôt, soit en vertu d'une ordonnance de prise de corps.

Lorsque le juge d'instruction, après information, a provoqué les réquisitions du procureur de la République et clôt son instruction, s'il juge que des charges suffisantes sont relevées contre l'inculpé, pour le rendre justiciable de la Cour d'assises, il rend alors une ordonnance de renvoi devant la Chambre des mises en accusation. Cette Chambre, après examen, rend, si elle partage l'opinion du juge d'instruction, un arrêt de mise en accusation. Cet arrêt contient une ordonnance de prise de corps en vertu de laquelle l'inculpé, qui prend désormais le nom d'accusé, doit être détenu à la maison de justice établie près de la Cour d'assises devant laquelle il est renvoyé (art. 233).

Si donc l'accusé n'avait pas été placé sous mandat de dépôt ou d'arrèt, la détention devra commencer pour lui à dater de la décision de la Chambre des mises en accusation. Il en sera de même, si dans le cours de l'instruction il avait obtenu mainlevée du mandat qui le constituait en état de détention.

CHAPITRE II

DE L'USAGE QUI PEUT ÊTRE, EN RÈGLE GÉNÉRALE, FAIT DES MANDATS

§ 1. — Au point de vue des faits qui les légitiment, et des conditions auxquelles leur délivrance est soumise

Nous avons déjà dit que, le plus généralement, les mandats étaient délivrés par le juge d'instruction requis d'informer par le procureur de la République.

Mais le juge d'instruction peut-il, indifféremment et dans tous les cas, choisir celui des mandats qu'il lui convient d'employer ? Non. Et tout d'abord, ce magistrat doit en principe, débuter par un mandat de comparution ou d'amener avant de pouvoir faire usage d'un mandat de dépôt ou d'arrêt. Quant au choix qui lui est laissé entre ces deux mandats, la législation a varié depuis la naissance du Code d'instruction criminelle.

La législation de 1808 n'autorisait l'emploi du mandat de comparution qu'en matière délictuelle et à condition que l'inculpé fut domicilié. Depuis, la loi du 14 juillet 1865 est venue permettre au juge d'instruction en toute matière, criminelle ou correctionnelle, de ne décerner qu'un mandat de comparution (art. 91 C. i. c.). La délivrance d'un mandat d'amener n'est plus obligatoire que si l'inculpé ne comparaît pas.

C'est là un réel progrès qui a été consacré par la loi. Mais il y a des cas, où il serait abusif de laisser au juge d'instruction la faculté de disposer à son gré du mandat de comparution ou du mandat d'amener. Le législateur l'a compris. Le mandat de comparution doit être seul décerné, lorsque le fait n'entraîne pas l'emprisonnement, mais donne lieu à une simple amende Cette prescription était formellement édictée dans le Code de brumaire an IV. Quant au Code de 1808, dans son article 131, il dit : « Si le délit ne doit pas entraîner la peine de l'emprisonnement, le prévenu sera mis en liberté » ; ce qui signifie, que, si au cours de l'instruction le juge s'aperçoit que le fait, qu'il avait cru devoir entraîner l'emprisonnement, n'est passible que d'une amende, il doit aussitôt donner mainlevée du mandat en vertu duquel l'inculpé est détenu. Nous concluons de cette obligation, que le juge ne peut pas décerner de mandat d'amener contre qui n'est reconnu dès l'abord passible que d'une peiue pécuniaire. Comment pourrait-on, au début de l'instruction, porter atteinte à la liberté, alors que cette liberté doit être respectée pendant tout le cours de l'information. Par exception à la règle que nous venons de formuler, certains délits spéciaux, punis seulement d'une amende, autorisent le mandat d'amener comme pouvant donner lieu à l'emprisonnement préventif (loi du 28 avril 1816 sur les débitants ou colporteurs frauduleux de tabacs. — Loi du 12 février 1835. — Loi des finances du 25 juin 1841).

En matière de contraventions de police, il va de soi qu'à raison du peu de gravité de l'infraction, il n'y a ni instruction préparatoire, ni emprisonnement préalable, et qu'il ne saurait pas par conséquent s'agir de la délivrance d'un mandat par le juge d'instruction.

Signalons encore la loi du 29 juillet 1881 sur la liberté de la presse qui n'autorise l'arrestation préventive que pour les crimes.

Notons enfin, qu'en 1819, à une époque où les progrès réalisés en matière de détention préventive n'étaient pas même en préparation, une circulaire (10 février), prescrivait déjà, autant que possible, de débuter par un mandat de comparution en matière délictuelle. Est-ce aujourd'hui que nous devons renier ce sage avis?

Il nous reste maintenant à parler des mandats de dépôt et d'arrêt.

Nous avons déjà dit, et nous répétons, qu'en principe le juge d'instruction ne peut délivrer un de ces deux mandats qu'après avoir préalablement interrogé l'inculpé comparant ou amené (art. 94 C. i. c.). Exceptionnellement pourtant, en cas de fuite de l'inculpé, le juge d'instruction pourra décerner un mandat de dépôt ou d'arrêt sans avoir entendu le délinquant.

Il est à remarquer que l'ancien article 94 (C. i. c.) ne requerrait expressément l'interrogatoire préalable que pour la délivrance du mandat d'arrêt. D'où un parti important avait conclu que pareille formalité n'était pas nécessaire pour décerner un mandat de dépôt. La loi du 4 avril 1855 vint réformer à ce propos l'article 94, et la loi de 1865 réédita la réforme.

Le mandat de dépôt ou d'arrêt ne peut être décerné que si le fait dont il s'agit emporte l'emprisonnement. L'article 94 du Code le dit formellement ; c'est là une règle que l'on comprend facilement et qui se passe de commentaires. Toutefois, certains faits, qui n'entraînent qu'une amende, peuvent légitimer l'emploi d'un mandat de dépôt (loi 28 avril 1816 précitée - loi 29 août 1831, 24 mai 1834 sur les fraudes en matière d'octroi, loi 25 juin 1842 sur le colportage illicite de poudre à feu).

Nous avons dit que si l'inculpé était en fuite, le juge d'instruction pouvait alors, sans interrogatoire préalable, délivrer un mandat de dépôt ou d'arrêt (article 94). La raison en est facile à saisir. La fuite de l'individu soupçonné ne fait qu'affirmer les présomptions de culpabilité qui pèsent sur lui, et souvent l'efficacité de la poursuite dépendra en ce cas de l'énergique intervention de l'autorité. Mais il est une question que nous ne pouvons nous empêcher de nous poser. Que devient la loi du 8 décembre 1897, lorsque le juge d'instruction a decerné un mandat de dépôt ou d'arrêt avant tout interrogatoire? Les prescriptions de cette loi, contenues dans les articles 2, 3, 4, 5, que nous avons analysés ci-dessus, sont-elles applicables? La circulaire explicative du 10 décembre 1897 répond à cette question: « les termes mêmes de l'article 2, son incorporation à l'article 93 C. i. c. semblent démontrer que la procédure qu'il organise, vise uniquement le cas où l'inculpé a été arrêté en vertu d'un mandat d'amener décerné par le juge d'instruction ». Nous entendons bien, qu'il est probable que les juges d'instruction, soucieux de se conformer à l'esprit général de la loi autant qu'à ses prescriptions impératives, ne manqueront sans doute pas d'interroger dans le plus bref délai les individus détenus en vertu de mandats délivrés par eux. D'autre part, nous sommes convaincus, que si cela était nécessaire, des circulaires des procureurs généraux leur rappelleraient sur ce point leur véritable devoir. Mais enfin, les meilleures règles sont quelquefois celles qui s'imposent d'une façon absolue;

et d'ailleurs, il y a intérêt selon nous, à ce qu'une question tranchée en partie par le pouvoir législatif, devienne tout à fait harmonieuse dans ses termes et complète dans sa rédaction. Or, aujourd'hui, dans l'état actuel de la législation, s'il est incontestable que le juge d'instruction fait preuve de négligence en n'interrogeant pas à bref délai un individu placé sous mandat de dépôt ou d'arrêt, il est non moins incontestable, que, dans ce cas, il ne tombe pas sous le coup de la loi qui ordonne cet interrogatoire au cas de mandat d'amener, et qui attache une sanction à cette obligation.

Si nous comparons maintenant les mandats d'arrêt et de dépôt entre eux, nous voyons que la délivrance du mandat d'arrêt est soumise à une condition préalable qui n'existe pas pour le mandat de dépôt. « Le juge d'instruction ne pourra décerner le mandat d'arrêt qu'après avoir entendu le procureur de la République » (art. 94). La loi n'exige pas que les conclusions soient conformes. On a néanmoins soutenu, que l'esprit de la loi devait conduire à refuser au juge d'instruction le droit de de délivrer un mandat d'arrêt sans l'assentiment du procureur de la République. Il ne nous semble pas que ce point de vue soit juste. D'ailleurs, l'intérêt est des plus minimes, puisque le juge d'instruction pourra, en tout cas, user du mandat de dépôt par cela seul qu'il aura été requis d'informer, et sans qu'il soit nécessaire pour lui de solliciter des conclusions spéciales ad hoc.

Quant aux personnes contre lesquelles un mandat peut être décerné, il est un principe aujourd'hui bien connu et fondamental, à savoir, que tous les citoyens sont égaux devant la loi, et que par conséquent, les mandats peuvent être décernés contre tous individus. Cependant, certaines personnes jouissent de garanties spéciales, qui les mettent à l'abri des poursuites vexatoires auxquelles elles pourraient être particulièrement exposées à raison même de leurs fonctions. Sans entrer dans le détail, citons le Président de la République, qui ne peut être mis en jugement que par la Chambre et jugé par le Sénat. Les ministres, qui sont dans la même condition à raison des crimes et délits commis dans l'exercice de leurs fonctions. Les membres du Parlement, qui ne peuvent être poursuivis, pendant le cours des sessions, qu'en vertu d'une autorisation de la Chambre à laquelle ils appartiennent, à moins pourtant qu'il n'y ait flagrant délit. D'autres garanties existaient pour les agents du gouvernement et pour les ministres des cultes elles sont aujourd'hui supprimées.

§ 2. — Au point de vue des autorités auxquelles il appartient de décerner des mandats

Spécialisons maintenant, après avoir dit d'une façon générale que c'est le juge d'instruction qui délivre le plus souvent les mandats, quelles sont les autres autorités auxquelles ce pouvoir appartient.

La Chambre des mises en accusation a, dans ses attributions, ce qu'on appelle le droit d'évocation. En vertu de ce droit, elle peut ordonner que les poursuites soient faites par un de ses membres. Celui-ci se trouve alors substitué au juge d'instruction, et peut, à ce titre, décerner des mandats dans les conditions que nous avons déjà indiquées.

Le Tribunal correctionnel, qui s'aperçoit que les faits qui lui sont déférés emportent une peine afflictive et infamante, a le droit de décerner, en renvoyant le prévenu au juge d'instruction, un mandat de dépôt ou d'arrêt (art. 193).

La Cour, dans les mêmes conditions, statuant sur appel du jugement du Tribunal correctionnel, a le droit, si le fait est de la compétence de la Cour d'assises, de décerner un mandat de dépôt ou d'arrêt, en renvoyant l'affaire devant le magistrat instructeur (art. 214).

Si une Cour ou un Tribunal, dans l'hypothèse de l'article 462 C. i. c. « trouve dans la visite d'un procès, même civil, des indices sur un faux et sur la personne qui l'a commis, l'officier chargé du ministère public, ou le président, transmettra les pièces au substitut du Procureur général près le juge d'instruction, soit du lieu où le délit paraîtra avoir été commis, soit du lieu où le prévenu pourra être saisi, et il pourra même délivrer le mandat d'amener »

Le Président de la Cour d'assises peut, dans le cours des débats, appeler, même par mandat d'amener, toutes personnes qui lui paraissent pouvoir éclairer le débat (art. 269).

« Les préfets des départements, le préfet de police à Paris, dit l'article 10 C. i. c, pourront faire personnellement, ou requérir les officiers de police judiciaire, chacun en ce qui le concerne, de faire tous les actes nécessaires à l'effet de constater les crimes, délits et contraventions, et d'en livrer les auteurs aux tribunaux chargés de les punir ». Quant au droit de requérir les officiers de police judiciaire, le pouvoir des préfets n'a certes rien d'exorbitant. Il est tout naturel que ceux, qui sont placés à la source des renseignements et chargés de veiller à l'ordre public, aient le droit d'intervenir pour ordonner des poursuites sur des faits qui ont été portés à leur connaissance. Mais, en ce qui concerne leur droit « de faire tous actes nécessaires à l'effet de constater les crimes, délits et contraventions », voilà qui est fait pour surprendre. Comment, des fonctionnaires de l'ordre administratif, amovibles, présentant des garanties très restreintes, vont pouvoir se substituer au magistrat tout désigné pour procéder à l'information ! Ils vont pouvoir cumuler les rôles de poursuivant et d'instructeur, ce qui est en contradiction avec le principe consacré de la séparation de ces pouvoirs ! Etrange et dangereuse puissance qui existe pourtant dans notre droit. Voyons si quelques limites lui sont assignées ?

A considérer les travaux préparatoires du Code de 1808, il semble résulter que c'est en vue du cas de flagrant délit que l'article 10 a été introduit. Certains auteurs, et des plus autorisés, se fondant sur ces travaux, ont prétendu que l'exercice des pouvoirs anormaux des préfets, devait être réservé à cette hypothèse particulière (F. Hélie, Duverger). Cette interprètation n'a pas prévalue. Il faut d'ailleurs reconnaître, que, très séduisante pour qui voudrait comme nous voir rayer l'article 10 du Code, cette opinion n'est pourtant guère encouragée par la rédaction de ce même article. Quoi qu'il en soit, la jurisprudence a décidé, à maintes reprises, que les pouvoirs qui étaient accordés au préfet de police et aux préfets des départements, devaient s'étendre, sans distinctions, à toutes les hypothèses même hors le cas de flagrant délit. (Cass. 21 nov.

1853. D. 53. 1. 217 — id. 16 août 1862. S. 63. 1. 221 — id. 19 janv. 1866. S. 66. 1. 87 — Lyon 23 juill. 1872. D. 74. 2. 201.)

Reste à savoir ce qu'il faut entendre par « faire tous les actes nécessaires à l'effet de constater les crimes, délits et contraventions, et d'en livrer les auteurs aux Tribunaux chargés de les punir ». Incontestablement, cela comprend le droit de procéder à des constatations, à des perquisitions domiciliaires, de délivrer des mandats de comparution ou d'amener. Mais doit-on aller jusqu'à dire qu'un mandat de dépôt peut être délivré par le préfet ? On l'a nié en se fondant sur ce que ce mandat fait plus que de permettre de constater l'infraction et d'en livrer l'auteur à la justice ; c'est, dit-on, déjà une sorte de jugement provisoire. Nous ne saurions nous rallier à cette opinion. Le mandat d'amener avec ses effets de courte durée peut être insuffisant pour arriver à la constatation du fait visé. Nous savons bien, qu'alors, le meilleur moyen serait peut-être, pour le préfet, de requérir les officiers de police judiciaire, à l'effet de faire rentrer la procédure dans la voie normale ; mais rien ne lui en fait une obligation.

A Paris, surtout, le préfet de police use fréquemment du droit qui lui est conféré par la loi, et, aidé de ses agents, procède à une véritable instruction préalable. Mais alors, que deviennent ici les prescriptions de la loi de 1897. Nous avons déjà dit que la circulaire ministérielle du 10 décembre constate elle-même que l'article 2 de la loi ne s'applique qu'au cas où le mandat d'amener a été délivré par le juge d'instruction. Quant aux garanties nouvelles qui sont accordées à la défense, elles ne s'imposent certainement pas dans le cas où il y a enquête préliminaire en dehors du cabinet du juge d'instruction. Il en est de même pour la libre communication du détenu avec son conseil, prescrite par l'article 8. Il y a là, à n'en pouvoir douter, une anomalie flagrante entre l'hypothèse prévue par la loi et celle qui est restée en dehors de ses prévisions. Que l'esprit général de l'innovation conduise à étendre le bienfait de la loi à un cas qu'elle n'a pas réglementé, c'est ce dont nous ne voulons pas douter. Nous nous réjouissons même des promesses qui ont été faites sur ce point, car nous verrions par là, diminuer la puissance exagérée et très peu défendable des préfets, qui, sans cela, ne ferait sans doute que croître au détriment de la procédure ordinaire. Mais, ce que nous tenons à dire, ici encore, c'est que nous préfèrerions, de beaucoup, voir le pouvoir législatif trancher la question. Nous ne sommes plus au temps où les textes isolés et peu nombreux n'étaient que des jalons posés à travers les coutumes; il n'y a plus aujourd'hui d'obligatoire que la loi écrite. D'ailleurs, dans l'espèce qui nous occupe, les Chambres se sont déjà occupées de remanier l'article 10 du Code d'instruction criminelle lors de la discussion du projet de réforme de ce Code. Le projet de la commission de la Chambre des députés supprime les fonctions de police judiciaire des préfets. Remettre le Parlement sur la question, serait peut-être un moyen d'arriver à une solution en tous points désirable ; l'action de la police judiciaire devant rester distincte de celle de la police administrative.

En matière politique, le Sénat, constitué en Haute-Cour de justice, a des attributions spéciales. On sait, qu'en vertu de l'article 6 de la loi constitutionnelle du 25 février 1875 sur l'organisation des pouvoirs publics, et de l'article 12 de la loi constitutionnelle du 16 juillet 1875 sur les rapports des pouvoirs publics, les ministres et le Président de la République peuvent être, dans certains cas, appelés à rendre compte de leurs actes devant le Sénat. Il résulte en outre des textes constitutionnels que le Sénat peut devenir le juge de toute personne prévenue d'attentat contre la sûreté de l'État. Il est, en ce cas, constitué en Haute Cour de justice par le Président de la République, et, si l'instruction est commencée par la justice ordinaire, le décret de convocation du Sénat peut être rendu jusqu'à l'arrêt de renvoi. La constitution ajoute qu'une loi doit être faite pour fixer le mode de procéder pour l'accusation, l'instruction et le jugement. Cette loi s'est longtemps fait attendre. De nombreuses propositions d'initiative parlementaire échouèrent, jusqu'au moment où les circonstances firent éclore la loi du 10 avril 1889. Elle a pour titre « Loi sur la procédure à suivre devant le Sénat pour juger toute personne inculpée d'attentat contre la sûreté de l'État ». L'article 7 porte : « Une commission de neuf sénateurs est chargée de l'instruction et prononce sur la mise en accusation. — Elle est nommée au scrutin de liste en séance publique et sans débats, chaque année, au début de la session ordinaire. — Elle choisit son président. — Le Sénat élit de la même manière cinq membres suppléants ». Article 8. « Dès que le Sénat a ordonné l'instruction, le Président de cette commission y procède. — Il est assisté et suppléé au besoin par des membres de la commission désignés par elle. — Il est investi des pouvoirs attribués par le Code d'instruction criminelle *au juge d'instruction* sous les réserves et avec les modifications indiquées par la présente loi. — Il peut décerner un mandat d'arrêt sans qu'il soit besoin de conclusions du ministère public. — Il ne rend point d'ordonnance. — Sur les demandes de mise en liberté provisoire, il est statué sans recours par la commission, après la communication au Procureur général ». En vertu de l'article 9, le dossier doit être communiqué au Procureur général à l'effet qu'il puisse formuler ses réquisitions ; le dossier est ensuite, pendant trois jours au moins, mis au greffe, à la disposition des conseils des inculpés, le délai expiré, ajoute l'article 10, la commission se réunit sous le nom de Chambre d'accusation. Enfin, article 11 « La Chambre d'accusation statue sur la mise en accusation par décision spéciale, pour chaque inculpé, sur chaque chef d'accusation. — L'arrêt de mise en accusation contient une ordonnance de prise de corps. »

Voilà quelle est la procédure d'accusation et d'instruction qui doit être aujourd'hui suivie devant la Haute Cour. L'histoire des constitutions politiques fournirait des développements intéressants à opposer à notre législation actuelle. Dans le Code d'instruction criminelle, il est encore des articles (v. art. 609) qui parlent de « décrets d'accusation » ; le mot, renouvelé des lois antérieures au Code, a vieilli comme la chose, il ne reste que le souvenir de l'usage qui en fut fait.

Ainsi donc, actuellement, une fois la Haute Cour convoquée par le Président de la République, la Commission du Sénat est chargée de l'instruction. Le président de la Commission fait office de juge d'instruction, et à ce titre délivre des mandats dont les effets sont ceux que nous connaissons déjà. L'information une fois close, la Commission se réunit sous le nom de Chambre d'accusation, et, s'il y a lieu, rédige un arrêt de mise en accusation qui contient ordonnance de prise de corps.

La loi du 8 décembre 1897, s'applique-t-elle à la procédure suivie devant la Haute Cour? Nous croyons que l'on peut répondre affirmativement L'article 8 de la loi de 1889, qui fixe les pouvoirs du président de la Commission du Sénat, dit « qu'il est investi des pouvoirs attribués par le Code d'instruction criminelle au juge d'instruction » ; dès lors, nous pensons qu'il faut, toutes les fois qu'il n'y est pas dérogé, calquer la procédure spéciale dont nous nous occupons, sur la procédure ordinaire. Cette interprétation a, tout au moins, l'avantage d'être favorable aux inculpés, dans une matière où il convient, plus que partout ailleurs, de sauvegarder leurs droits.

Nous avons réservé, pour la fin de notre énumération, le procureur de la République, auquel la loi permet aussi, dans certains cas, de délivrer des mandats. A ce propos, nous nous sommes déjà occupés de l'hypothèse de l'article 100 du Code d'instruction criminelle, en vertu duquel, et antérieurement à la loi du 8 décembre 1897, le procureur de la République avait le droit de décerner un mandat de dépôt contre l'individu trouvé à une distance de plus de 5 myriamètres du domicile de l'officier qui avait délivré contre lui un mandat d'amener.

Nous avons vu comment l'article 100 a été modifié par la loi nouvelle, nous ne reviendrons donc pas sur ce point.

Mais il est, pour le procureur de la République, un champ fertile à exploiter. Nous voulons parler du cas où il y a flagrant délit, particularité qui modifie la procédure ordinaire et dont nous allons nous occuper.

CHAPITRE III

PROCÉDURE PARTICULIÈRE AU CAS OU IL Y A FLAGRANT DÉLIT

L'état de flagrance est une modalité de l'infraction à laquelle la loi a jugé bon d'attacher une importance toute spéciale, en la faisant influer sur les règles de la procédure.

Nous n'avons pas, ici, à étudier le flagrant délit dans tous ses détails et sous toutes ses faces. Qu'il nous suffise pour le moment, de nous rendre compte du pouvoir spécial qui est conféré au procureur de la République quant à la délivrance des mandats, au cas où l'infraction est réputée flagrante. Dans le cours de ce travail, nous aurons également à apprécier l'œuvre de la loi de 1863 en tant qu'elle a restreint la durée de la détention préventive en accélérant la procédure.

Tout d'abord, et d'une façon générale, on peut dire que le trait caractéristique de la procédure spéciale des flagrants délits est d'amener la confusion des pouvoirs d'instruction et de poursuite, dans l'intérêt de la célérité de l'information. Le procureur de la République et le juge d'instruction se trouvent, de cette façon, cumuler des fonctions qui avaient été soigneusement départies entre eux dans la règlementation de la procédure ordinaire. C'est ainsi, qu'en vertu de l'article 59 du Code d'instruction criminelle, « le juge d'instruction, dans tous les cas réputés flagrant délit, peut faire directement et par lui-même, tous les actes attribués au procureur de la République, en se conformant aux règles établies au chapitre des procureurs de la République ». A l'inverse, si c'est le procureur qui a eu le premier connaissance de l'infraction, il peut alors commencer à informer, car il convient de poursuivre au plus tôt la recherche des preuves et l'arrestation de l'inculpé.

Sous l'empire du Code d'instruction criminelle et antérieurement à la loi de 1863, pour que le procureur de la République put agir au lieu et place du juge d'instruction, il fallait que le fait fut de nature à entraîner une peine afflictive et infamante (article 32,40). Le législateur avait sans doute pensé qu'un fait punissable d'une simple peine correctionnelle ne pouvait pas justifier une dérogation au droit commun.

Aujourd'hui encore, si le fait visé est de nature à entraîner une peine afflictive et infamante, c'est au Code d'instruction criminelle qu'il faut se reporter pour déterminer quels sont les pouvoirs du procureur de la République. Dans ce cas, ce magistrat peut, si l'iuculpé n'est pas présent, décerner contre lui un mandat d'amener, puis, les premières constatations faites, il doit se dessaisir et laisser agir le juge d'instruction (art. 45).

Ces pouvoirs spéciaux, relatifs au rassemblement des premières preuves et des premiers indices, ne seraient ni d'une grande utilité, ni d'un grand secours pour la répression, s'ils n'appartenaient qu'au procureur de la République et à ses substituts. Partout où il y a un procureur il y a aussi un juge d'instruction qui peut être averti des infractions aussi vite et aussi sûrement que celui-ci. Aussi le Code a-t-il accordé à de nombreux auxiliaires, plus répandus que le procureur, les attributions dont il l'avait tout d'abord investi. Ce sont: le juge de paix, les officiers de gendarmerie, les maires, adjoints et commissaires de police. Ainsi se trouve soigneusement règlementée et rendue d'une application efficace, la procédure spéciale des flagrants délits.

Ajoutons que l'article 46 C. i. c. assimile au cas de flagrant délit, celui où un crime ou un delit, même non flagrant, ayant été commis dans l'intérieur d'une maison, le chef de cette maison requiert le procureur de la République de le constater.

Tel étant le système du Code, la loi du 20 mai 1863 est venue le modifier. Cette loi laisse subsister la procédure dont nous venons de parler ainsi qu'elle est établie, et pour le cas qu'elle prévoit, c'est-à-dire lorsqu'il y a crime ; mais à côté d'elle, elle crée une procédure nouvelle qui étend singulièrement les pouvoirs du procureur. Désormais, pour que le procureur de la République puisse agir, il suffit que le fait visé soit puni de peines correctionnelles. En outre, et nous en reparlerons ci-après, le procureur n'est pas obligé, dans l'hypothèse de la nouvelle loi, c'est-à-dire lorsqu'il y a délit, de renvoyer le préveuu après les premières constatations, devant le juge d'instruction. Il peut le traduire lui-même et sur le champ à l'audience du Tribunal. S'il est impossible d'agir aussi expéditivement, le procureur de la République a le droit de décerner un mandat de dépôt dont l'effet doit durer vingt-quatre heures seulement sans contrôle. Le procureur de la République est en effet obligé de citer dans ce délai, l'inculpé devant le Tribunal, qui, s'il le juge à propos, le met en liberté provisoire.

Si nous revenons au Code d'instruction criminelle, nous voyons que l'article 34 consacre aussi pour le procureur de la République, dans un cas particulier, le droit de décerner un mandat de dépôt : « il pourra défendre que qui que ce soit sorte de la maison ou s'éloigne du lieu (où il procède aux premières mesures d'instruction) jusqu'après la clôture de son procès-verbal. Tout contrevenant à cette défense, sera, s'il peut être saisi, déposé dans la maison d'arrêt ».

Nous voici maintenant tout naturellement ramenés à la loi du 8 décembre 1897. S'applique-t-elle au cas où l'inculpé a été l'objet d'un mandat d'amener de la part du procureur de la République, conformément à l'article 40 C. i. c., ainsi qu'à l'hypothèse où il est, par ordre de ce magistrat, détenu et placé sous mandat de dépôt, en vertu de la loi de 1863 ? Voici comment le ministre de la Justice s'exprime à ce propos, dans la circulaire du 10 décembre : « Par identité de motifs, la loi doit, à mon avis, s'appliquer lorsque l'inculpé ayant été arrêté en vertu d'un mandat d'amener décerné par le procureur de la République ou par un de ses auxiliaires, dans les conditions prévues par les articles 40 et 49 du Code d'instruction criminelle, les pièces et les procès-verbaux de l'enquête sont transmis au juge d'instruction, conformément aux prescriptions de l'article 45. En effet, dès ce moment, l'inculpé se trouve retenu à la disposition du juge d'instruction, en état de mandat d'amener. » Il ne nous semble pas non plus qu'il puisse y avoir de difficultés sur ce point. Le rôle du procureur de la République se borne ici à faire les premières constatations et à délivrer un mandat pour s'assurer de la personne de l'inculpé ; mais, aussitôt après, il se dessaisit, et, tout retombant dans l'ordre normal, il va de soi que c'est la procédure ordinaire qui doit reprendre son cours.

Dans le second ordre de choses que nous avons prévu, il n'en sera pas de même. La circulaire continue : « La question pourra se poser de savoir si les parquets doivent observer les prescriptions de l'article 2 pour les individus arrêtés en flagrant délit, à raison d'un fait puni de peines correctionnelles. — La nouvelle loi ne modifie en rien la procédure spéciale organisée par la loi du 20 mai 1863. D'après l'article 1er de cette loi, en effet, l'inculpé est immédiatement conduit devant le procureur de la République qui l'interroge et le place, s'il y a lieu, sous mandat de dépôt en attendant sa comparution le jour même ou au plus tard le lendemain, devant le Tribunal de police correctionnelle. Il n'est jamais à craindre, par conséquent, que l'inculpé soit abusivement retenu sous mandat d'amener sans être appelé à fournir ses explications, puisque l'incarcération n'a lieu qu'en vertu d'un mandat de dépôt, nécessairement précédé d'un interrogatoire. » Ainsi donc, les prescriptions de la loi de 1897 ne sont pas applicables au cas où un mandat de dépôt a été délivré par le procureur de la République. Y a-t-il là un danger pour l'inculpé? Théoriquement non, à notre avis, puisque le procureur de la République doit citer le prévenu devant le Tribunal au plus tard le lendemain du jour où il a délivré le mandat de dépôt.

Il y aura donc interrogatoire, comme le dit très bien la circulaire ; si le prévenu n'est pas mis en liberté provisoire et si l'affaire est renvoyée pour être jugée ultérieurement, l'inculpé aura du moins eu une garantie sérieuse contre la détention arbitraire. Néanmoins, il ne faut pas se dissimuler que dans la pratique, les choses ne se passent pas toujours aussi heureusement qu'on pourrait le croire. A ce propos, un assez vif débat s'engagea à la Chambre des députés lors de la discussion de la loi de 1897. M. Julien Goujon, faisant allusion au mandat de dépôt délivré par le procureur de la République, s'exprima ainsi : « Le lendemain à la première audience, que ce soit une audience criminelle ou une audience civile, le procureur s'adresse aux magistrats qui composent le Tribunal, et leur demande purement et simplement, sans aucune espèce de discussion, de confirmer le mandat de dépôt (art. 5 de la loi de 1863) ». La loi est ainsi respectée, l'inculpé reste en état de détention, mais le Tribunal a été saisi et par conséquent a pu statuer sur la mise en liberté provisoire. Le Tribunal n'a pas à confirmer le mandat de dépôt ainsi que semble le croire l'honorable député, le silence sur la mise en liberté suffit à prolonger les effets du mandat. La loi est respectée, avons-nous dit ; oui, si c'est la respecter que de l'appliquer juste dans la mesure où il n'est pas possible de la tourner ; si c'est avoir souci de ses commandements que de violer son esprit. Une telle pratique est la négation absolue de la garantie qu'on a entendu accorder au détenu. Est-il besoin de légiférer sur ce point pour supprimer tout abus ? Non, évidemment ; la loi de 1863 est bien telle qu'elle est, mais il faut comprendre ses commandements et les appliquer sans détours. Hâtons-nous de dire qu'une note de service adressée par le procureur de la République de la Seine aux substituts du petit parquet semble rejeter désormais les errements que nous venons de signaler (11 décembre 1897). Cette note dit en substance : « les individus arrêtés ne seront poursuivis en flagrant délit qu'autant que les renseignements nécessaires les auront accompagnés ou auront pu être réunis le jour même » ; ce qui semble indiquer qu'à l'avenir les inculpés comparaîtront efficacement devant le Tribunal, qui, au moyen d'un interrogatoire sérieux pourra se forger une opinion sur le degré de culpabilité.

Pour terminer sur ce sujet, il nous reste à parler des particularités qu'offre l'arrestation au cas où l'infraction est flagrante. Le Code a, dans ce cas, nous venons de le voir, pour le cas de crime, donné à un assez grand nombre d'officiers le droit d'ordonner l'arrestation. Mais, en outre, il a autorisé les dépositaires de la force publique et même les particuliers, à saisir, sans ordre préalable, les auteurs des flagrants délits. Ces arrestations constituent de simples mesures de police.

Les dépositaires de la force publique sont :

1° Les sous-officiers de gendarmie ;

2° Les simples gendarmes ;

3° Les officiers auxiliaires de la police ;

4° Les gardes champêtres et forestiers ;

5° Les gardes particuliers assermentés ;

6° Les employés de régie et de douane.

Sous l'empire du Code d'instruction criminelle, il semblerait qu'il n'y ait pu avoir aucune difficulté au sujet de savoir quand l'état de flagrance de l'infraction autorisait l'arrestation sans ordre préalable. L'article 106 C. i. c. dit : « Tout dépositaire de la force publique et même toute personne sera tenue de saisir le prévenu surpris en flagrant délit...., si le crime ou délit emporte peine afflictive et infamante ». En principe donc, il fallait que le fait fut de nature à emporter peine afflictive et infamante pour que les agents auxiliaires de l'autorité ou les particuliers pussent opérer une arrestation sans mandat. Exception était faite à ce principe pour les gardes champêtres et forestiers dans l'article 16 C. i. c : « ils arrêteront et conduiront devant le juge de paix ou devant le maire tout individu qu'il auront surpris en flagrant délit...., lorsque ce délit emportera la peine d'emprisonnement ou une peine plus grave ». On comprend que la loi, tout en ayant soigneusement délimité les pouvoirs exceptionnels qu'elle conférait en matière de flagrants délits, était néanmoins pratiquement d'une application difficile. Comment admettre qu'un agent de l'autorité puisse rester impassible et inactif alors qu'un délit est en train de se commettre sous ses yeux ? Comment reconnaître que son rôle doit se borner à porter secours aux victimes du délit et à pallier les effets de l'infraction ? Comment enfin ne pas justifier l'arrestation de l'individu pris, qu'on nous passe l'expression, la main dans le sac ? Plusieurs opinions et plusieurs systèmes naquirent des difficultés pratiques qu'engendrait l'application des textes. Bref, il faut le dire, on élargit si bien le cercle de la loi qu'on le rompit. En 1863, lorsque le législateur songea à créer une nouvelle procédure pour les flagrants délits correctionnels, il se trouva en présence d'une pratique, si bien établie dans le sens de la plus large extension des pouvoirs des agents de l'autorité, qu'il jugea inutile de revenir, directement au moins, sur les prescriptions restrictives du Code. L'article 1 de la loi de 1863 porte : « Tout inculpé arrêté en état de flagrant délit pour un fait puni de peines correctionnelles...... etc. ». Ainsi se trouve désormais consacré le droit, pour les dépositaires de la force publique et pour les particuliers, de mettre en état d'arrestation les auteurs des délits trouvés en état de flagrant délit.

L'individu arrêté ainsi qu'il vient d'être dit, est conduit devant le procureur de la République afin qu'il soit procédé à son égard de la façon que nous avons exposée ci-dessus. Toutefois il y a ici une remarque à faire. En cas de crime, l'auteur du fait reproché peut évidemment être conduit, soit devant le procureur, soit devant un des assez nombreux auxiliaires auxquels la loi concède en la matière même compétence qu'au procureur lui-même (art. 49 C. i. c.). Mais, en cas de délit flagrant, la loi de 1863, confie l'instruction au procureur de la République, mais n'accorde pas même compétence aux auxiliaires dont parle le Code dans l'article 48. Qu'en conclure? sinon que l'auteur du délit doit être conduit devant le procureur de la République ou l'un de ses substituts et non devant quelqu'un d'autre. A raison de nécessités pratiques, qui résultent de ce que le lieu où siège le procureur de la République peut être assez éloigné de l'endroit où a été opérée l'arrestation, on n'applique guère la règle que nous venons d'énoncer. Les maires et commissaires de police reçoivent les individus arrêtés en flagrant délit et les font transférer, s'il y a des preuves suffisantes de culpabilité, au chef-lieu d'arrondissement, pour qu'alors la procédure régulière de la loi de 1863 soit suivie contre eux. A Paris, les irrégularités à peu près inévitables qui se commettent sont constatées par la circulaire ministérielle du 10 décembre 1897. « En ce qui concerne Paris, il faut reconnaître, que, par suite d'une organisation spéciale résultant de la force même des choses, les individus arrêtés en flagrant délit ne sont pas directement menés devant le procureur de la République ; ils restent au dépôt de la préfecture de police jusqu'à ce que les substituts siégeant au petit parquet soient saisis des procès-verbaux dressés contre eux. Mais, je me propose de prier M. le ministre de l'intérieur de prescrire les mesures nécessaires en vue d'activer la transmission de ces procès-verbaux, de façon que les inculpés de cette catégorie puissent être traduits devant les magistrats du petit parquet dans un délai aussi court que possible. »

On ne peut ici que louer l'effort, et il est bien difficile de blâmer la légère entorse qui est faite à la loi. La pratique a ses exigences ; il ne servirait à rien de le méconnaître.

CHAPITRE IV

VOIES DE RECOURS

Nous n'avons, sous cette rubrique, à nous occuper que des voies de recours auxquelles peut donner lieu, de la part des parties intéressées, la délivrance ou le refus de délivrance des mandats. Quant à ce qui a trait à la liberté provisoire, nous nous en occuperons ci-après. Enfin nous devons laisser complètement de côté les voies de recours qui peuvent naître, après la clôture de l'information des décisions des juridictions d'instruction.

Tout d'abord, une question se pose. Le juge d'instruction qui, requis d'informer, a débuté par un mandat de comparution ou d'amener, peut-il être ensuite contraint de délivrer un mandat de dépôt ou d'arrêt ? Quant à l'hypothèse où la procédure a commencé par un mandat de comparution, il ne peut y avoir aucun doute : « En matière criminelle ou correctionnelle, dit l'article 91 C. i. c., le juge d'instruction pourra ne décerner qu'un mandat de comparution, sauf à convertir ce mandat, après l'interrogatoire en tel autre mandat qu'il appartiendra ». La conversion est donc ici purement facultative pour le juge. La question est-elle plus difficile à résoudre s'il s'agit d'un mandat d'amener. Nous ne le pensons pas, les deux mandats ont un même but et ne varient que dans leur mode d'exécution. Une fois l'inculpé interrogé, la situation est la même qu'il y ait eu originairement mandat de comparution ou d'amener ; les pouvoirs du juge d'instruction doivent donc rester identiques. Y aurait-il lieu d'en décider autrement si le mandat d'amener avait été délivré par le procureur de la République et que le juge d'instruction n'ait été saisi qu'ensuite? Non encore selon nous, car dès l'instant où le magistrat instructeur est saisi, il devient appréciateur des charges qui pèsent sur l'inculpé, et, partant, doit avoir même liberté d'action qu'au cas où c'est lui qui a commencé à instruire. D'ailleurs, pour se convaincre de la latitude qui est laissée au juge, il suffit de lire l'article 94 C. i. c. ; « après l'interrogatoire, le juge *pourra* décerner un mandat de dépôt ou d'arrêt..... » Les solutions que nous venons de donner ont été à maintes reprises affirmées par des décisions de la jurisprudence (Cass. 4 août 1830. — 7 août 1837. — C. Paris 13 mars 1835. — Nîmes 22 juin 1839. — C. d'Angers, 1854).

Mais maintenant, autre question. Le ministère public est-il désarmé devant le refus que lui oppose le juge d'instruction de décerner un mandat de dépôt ou d'arrêt? Antérieurement à la loi du 17 juillet 1856, la question était controversée. Certains auteurs, soutenus par quelques décisions de justice, déniaient au ministère public le droit d'attaquer, en ce cas, la décision du magistrat instructeur. Néanmoins, l'opinion la plus généralement suivie reconnaissait au procureur de la République, un droit d'opposition. Depuis la loi de 1856, il semble bien que la question soit tranchée. L'article 135 C. i. c. remanié, dit: « Le procureur de la République pourra former opposition *dans tous les cas* ». On objecte il est vrai, que cet article est placé sous la rubrique: *des ordonnances du juge d'instruction quand la procédure est complète.* Mais si l'on se reporte aux travaux préparatoires de la loi, on y lit: « Plus le pouvoir du juge d'instruction reçoit d'extension, plus il importe d'affirmer le droit du ministère public qui se place à côté de lui, qui s'inquiète de ses écarts, qui le surveille et qui le défère au besoin à une juridiction régulière et souveraine. Nous avons donc proclamé le droit absolu d'opposition de la partie publique ». Voilà qui est clair et net sur la portée de la loi. La jurisprudence et la doctrine sont d'ailleurs d'accord aujourd'hui, pour reconnaître au ministère public le droit de former opposition. dans le cas où le juge d'instruction refuse de décerner le mandat requis.

L'opposition, véritable appel, est portée devant

la Chambre des mises en accusation. Que fera celle-ci au cas où elle jugera le recours fondé? Devra-t-elle ordonner au juge de décerner le mandat qu'il s'était refusé à délivrer? On l'a soutenu. Nous pensons qu'agir ainsi serait forcer le magistrat instructeur à faire un acte qu'il réprouve, ce qui est contraire à la liberté d'action qu'on s'accorde à lui reconnaître. C'est d'ailleurs un principe avéré, qu'on ne doit pas contraindre la juridiction dont on réforme la décision à exécuter la sentence de réformation. La Chambre des mises en accusation devra donc, comme c'est son droit, évoquer l'affaire, et confier à un de ses membres le soin de délivrer le mandat dont elle a reconnu l'utilité.

Nous venons de reconnaître au ministère public le droit de faire opposition des décisions du juge relatives à la délivrance des mandats. La partie civile a-t-elle le même droit ?

Antérieurement à la loi de 1856, le ministère public et la partie civile étaient placés sur le même pied. Depuis cette loi, l'article 135 C. i. c. n'accorde à la partie civile le droit de faire opposition que dans des cas limitativement énumérés. Or, parmi ces cas ne se trouve pas celui où le juge d'instruction a refusé de décerner un mandat. Nous en concluons que le droit de former opposition ne lui appartient pas dans notre hypothèse.

L'inculpé, en dernier lieu, a-t-il une voie de

recours lorsqu'un mandat a été décerné contre lui ? C'est encore l'article 135 C. i. c., qui répond à la question : « Le prévenu ne pourra former opposition qu'aux ordonnances rendues en vertu de l'article 114, et dans le cas prévu par l'article 539. » Or, l'article 114 vise la mise en liberté provisoire et l'article 539 se réfère à l'incompétence du juge d'instruction. En outre, le rapporteur de la loi de 1856 s'est exprimé ainsi : « Nous avons proclamé le droit absolu d'opposition de la partie publique ; nous avons contenu dans de justes limites celui de la partie civile ; nous avons restreint aux deux seuls cas où il soit possible de l'admettre celui des prévenus ». Ajoutons que la jurisprudence est ici nettement contraire au droit d'opposition de l'inculpé. Dans l'état actuel de la législation, l'inculpé n'a donc pas de voie de recours contre la délivrance des mandats. N'est-il pas à souhaiter que la loi vienne sur ce point consacrer un droit nouveau ? Nous entendons bien que l'inculpé peut s'adresser au procureur pour attirer son attention sur les actes de l'instruction ; qu'il peut, pour cause de suspicion légitime, demander à à être renvoyé devant un autre magistrat instructeur. La prise à partie lui est également offerte. Il peut solliciter le droit d'évocation de la Chambre des mises en accusation. Enfin, une fois acquitté, il a un recours contre son dénonciateur s'il peut arguer de quelque calomnie. Mais, nous le demandons ; de bonne foi sont-ce là, dans la pratique, des garanties efficaces et suffisantes ?

CHAPITRE V

MAINLEVÉE DES MANDATS

Nous avons vu dans quelles circonstances et par qui les mandats peuvent être décernés. Nous avons constaté les effets qu'ils produisent, il nous reste à voir si ces effets doivent forcément durer jusqu'au jugement ou si la détention préventive, une fois établie, peut cesser pendant le cours des poursuites. Nous parlerons plus loin de la liberté provisoire. Pour le moment voyons seulement ce qu'on entend par mainlevée des mandats

Quant aux mandats de comparution et d'amener nous savons que leurs effets sont essentiellement temporaires et qu'ils n'ont d'autre but que d'aboutir à un interrogatoire à la suite duquel ils ne conservent plus aucune vertu.

C'est donc seulement pour les mandats de dépôt et d'arrêt que la question de la mainlevée se pose. Sous l'empire du Code de 1808, le mandat d'arrêt avait le caractère d'une véritable décision judiciaire. Il ne pouvait donc pas être révoqué par l'autorité qui l'avait délivré; c'était à la Chambre du Conseil et à la Chambre des mises en accusation à décider de la mainlevée ; le juge d'instruction n'avait aucun pouvoir à cet égard. Pour le mandat de dépôt, il y avait désaccord. Suivant une opinion, son effet devant être purement provisoire, il eut convenu de permettre au juge d'instruction d'en donner mainlevée. On faisait valoir en effet, que la loi de pluviôse an IX, qui avait créé le mandat de dépôt, lui avait attribué un caractère provisoire qui le différenciait du mandat d'arrêt du Code de l'an IV. Malheureusement cette opposition ne figurait pas d'une manière formelle dans la législation de 1808, aussi cette manière de voir ne triompha-t-elle pas dans la pratique, qui, ici encore, attribua compétence à la Chambre du Conseil et à la Chambre des mises en accusation.

La loi du 4 avril 1855, reconnaissant que le juge d'instruction a pu être appelé à délivrer un mandat de dépôt avant d'être édifié sur la nature de l'inculpation et sur les circonstances de la cause, pensa qu'il était juste de lui conférer le droit de révoquer une mesure prise peut-être un peu inconsidérément. Toutefois, en reconnaissant pouvoir au juge d'instruction, la loi de 1855 voulut que sa décision à cet égard fut appuyée des conclusions conformes du ministère public.

Le mandat d'arrêt resta en dehors de la réforme établie par la loi de 1855. Il en résulta que son caractère définitif se trouva à nouveau consacré et renforcé par l'opposition qui lui était faite du mandat de dépôt, à effet désormais nettement provisoire.

La loi du 14 juillet 1865 est venue mettre un terme à la distinction ancienne. Désormais « dans le cours de l'instruction, le juge d'instruction pourra, sur les conclusions conformes du procureur de la République, et quelle que soit la nature de l'inculpation, donner mainlevée de tout mandat de dépôt ou d'arrêt, à la charge par l'inculpé de se représenter à tous les actes de la procédure et pour l'exécution du jugement aussitôt qu'il en sera requis (art, 94 C. i. c.) ».

Il est en outre prescrit que « l'ordonnance de mainlevée ne pourra être attaquée par voie d'opposition » ; (art. 94 *in fine*) c'est un acte d'instruction laissé au pouvoir discrétionnaire du juge, avec cette seule réserve qu'il doit obtenir les conclusions conformes du procureur de la République. Il va de soi que ce dernier n'aurait d'ailleurs aucun intérêt à pouvoir faire opposition à l'ordonnance de mainlevée, puisqu'elle ne peut pas être rendue sans sa volonté. Le refus d'opposition vise donc l'inculpé et la partie civile.

Si l'inculpé, après avoir été mis en liberté, ne tient pas son engagement de se représenter à tous les actes de la procédure, un nouveau mandat peut être décerné contre lui. Il en est de même, si de nouvelles charges graves viennent à être produites. Mais, dans ce cas, le juge d'instruction doit-il, pour pouvoir remettre l'inculpé en état de détention, obtenir les conclusions conformes du procureur de la République? Nous ne le pensons pas. L'individu qui a bénéficié de la mainlevée du mandat de dépôt ou d'arrêt, est dans la situation d'un inculpé contre lequel ces mesures n'ont pas été prises après l'interrogatoire préalable. Le juge d'instruction doit, en conséquence, avoir les mêmes pouvoirs à son encontre que s'il n'avait jamais été détenu. D'où, le juge d'instruction pourra décerner contre l'inculpé un mandat de dépôt sans avoir besoin de provoquer les réquisitions du procureur de la République. Il pourra même faire usage d'un mandat d'arrêt, après conclusions du ministère public, sans qu'il soit besoin que ces conclusions soient conformes.

DEUXIÈME PARTIE

DES LOIS DESTINÉES A RESTREINDRE LA DURÉE DE LA DÉTENTION PRÉVENTIVE

CHAPITRE I

LOIS AYANT POUR EFFET D'ACCÉLÉRER LA PROCÉDURE

§ 1 — **Loi du 17 juillet 1856**

Antérieurement à 1856, le juge d'instruction était tenu de rendre compte, au moins une fois par semaine, des affaires dont l'information lui avait été confiée. La Chambre du Conseil, qui n'était autre chose que la Chambre du Tribunal dont faisait partie le juge d'instruction, était instituée à l'effet de recevoir ces comptes rendus. Lorsque la procédure était complète, c'était à la Chambre du Conseil qu'il appartenait de statuer sur l'issue qu'il convenait de donner à l'information. En somme, sous l'empire de cette législation, le magistrat instructeur se bornait à instruire, et la Chambre du Conseil contrôlait ses actes et appréciait les faits au point de vue des conséquences qu'ils pouvaient entraîner.

Si le juge d'instruction avait été exclu de la Chambre du Conseil, cette séparation des pouvoirs d'instruction eut pu être d'une grande efficacité au point de vue de la garantie des droits des inculpés. Malheureusement, le juge d'instruction faisait partie de la Chambre du Conseil, en sorte qu'il influait sur les décisions de ses collègues, dont il lui était aisé de rallier les suffrages. En pratique la Chambre du Conseil ratifiait toujours les décisions du magistrat instructeur.

Ainsi comprise, cette juridiction était un rouage inutile, qui compliquait la procédure et prolongeait la détention préventive sans aucune utilité. La loi du 17 juillet 1856 a supprimé la Chambre du Conseil et transporté ses pouvoirs au juge d'instruction. Désormais, ce magistrat instruit et statue sur les suites à donner à l'information. La détention préventive se trouve ainsi diminuée de tout le temps qui était nécessaire à la Chambre du Conseil pour exercer son contrôle et vérifier les preuves des faits incriminés.

Depuis 1856, on a bien souvent fait remarquer qu'il eût peut-être mieux valu réorganiser la juridiction de la Chambre du Conseil que de la supprimer. Pour lui donner une utilité véritable, il eût suffi de la rendre tout à fait indépendante du juge d'instruction. C'est avec ce caractère que le projet de réforme du Code d'instruction criminelle propose de la rétablir.

§ 2. — **Loi du 20 mai 1863**

Nous nous sommes déjà occupés de la loi de 1863 lorsque nous avons parlé des dérogations que faisait subir à la procédure ordinaire l'état de flagrance de l'infraction. Nous avons vu qu'en cas de flagrant délit, le procureur de la République avait, d'une part, le droit de délivrer un mandat d'amener en vertu des dispositions du Code d'instruction criminelle, si la peine à prononcer était afflictive et infamante, et qu'il pouvait, d'autre part, user d'un mandat de dépôt avec effets restreints au cas de flagrant délit correctionnel, en vertu de la loi de 1863.

Précisons maintenant en quoi cette dernière loi a accéléré la procédure et par conséquent abrégé la détention préventive.

Les dispositions du Code d'instruction criminelle sur le flagrant délit furent introduites uniquement pour les besoins de la répression. Le législateur voulait qu'au cas où un crime venait d'être commis, il y eut un grand nombre d'agents de l'autorité compétents pour en constater l'existence, rassembler les premières preuves et au besoin ordonner l'arrestation du criminel. Là était tout l'esprit de la loi, qui ne songeait nullement, à entourer de garanties la liberté de l'inculpé. Les premières mesures une fois prises, la procédure ordinaire reprenait tout son empire et rien n'était changé au sort habituel du prisonnier.

Tout autre et plus complexe est l'esprit de la loi de 1863. L'intérêt de la répression s'y trouve heureusement combiné avec l'intérêt de l'inculpé. D'une part, la société se trouve d'autant mieux garantie qu'on apporte une plus grande hâte au rassemblement des preuves toutes fraiches du délit. D'autre part, l'inculpé possède une garantie évidente contre la détention arbitraire dans les formes rapides de procédure que crée la loi de 1863.

Le procureur de la République, au cas de délit flagrant, n'est pas obligé, comme au cas de crime, de renvoyer l'inculpé devant le juge d'instruction. Il peut, après lui avoir fait subir un interrogatoire obligatoire aux termes de la loi, le traduire immédiatement devant le Tribunal correctionnel, ou, ainsi que nous l'avons déjà dit, délivrer contre lui un mandat de dépôt dont l'effet ne peut être maintenu qu'à la condition que l'inculpé sera cité au plus tard le lendemain devant le Tribunal correctionnel. Il n'est pas besoin d'insister pour comprendre combien cette procédure est favorable à la liberté individuelle. Il n'est évidemment pas possible d'abréger plus complètement les délais de comparution. Nous ne reviendrons pas sur la façon dont la pratique a compris la loi 1863. Nous avons fait ci-dessus la juste critique des déviations qu'on a fait subir à l'esprit de la loi ; souhaitons encore une fois qu'on revienne sur des errements qui ont trop duré.

La procédure spéciale et rapide de poursuite des délits flagrants, que nous avons décrite, peut être pratiquement impossible à appliquer à raison des difficultés de la cause et du temps nécessaire au rassemblement des preuves. Le législateur l'a compris, aussi n'est-ce, d'après les termes mêmes de la loi, qu'une faculté pour le procureur de la République d'agir avec la célérité dont nous avons parlé. S'il le préfère, s'il le juge nécessaire, il peut, après l'interrogatoire, au lieu de décerner le mandat de dépôt qui est mis à sa disposition sous les conditions déjà indiquées, saisir le juge d'instruction pour que celui-ci procède à une information régulière. Tout retombe alors dans l'ordre habituel, exactement comme dans le cas où le procureur a agi d'après les pouvoirs que lui reconnaît le Code d'instruction criminelle, lorsqu'il y a crime flagrant.

La loi de 1863, qui, nous venons de le voir. garantit l'inculpé contre toute détention inutile, qui, par conséquent, marque un progrès dans l'histoire de la liberté individuelle, pourrait, s'il n'y était mis bon ordre, devenir un piège pour certains prévenus que la rapidité même des poursuites priverait des moyens qu'ils auraient à faire valoir. C'est pourquoi l'article 7 de la loi déclare que la nouvelle procédure est inapplicable aux délits de presse, aux délits politiques et aux matières dont la procédure est réglée par des lois spéciales. Depuis, l'article 11 de la loi de 1885 sur les récidivistes a écarté l'application de la loi de 1863 lorsque la rélégation peut résulter des poursuites. Il ressort en outre d'une ordonnance du 6 avril 1842, qui proscrit la citation directe lorsque le prévenu est mineur de 16 ans, qu'a *fortiori* la loi de 1863 ne doit pas être appliquée dans ce cas. La raison en est, que la loi désire, autant que possible, voir remettre les mineurs à leurs parents, lorsqu'ils ont agi sans discernement, et que par conséquent, il faut laisser à ceux-ci le temps d'intervenir. Enfin, pour assurer d'une façon générale aux inculpés les moyens de faire valoir leurs droits, la loi de 1863 permet dans tous les cas à ceux qui sont amenés à la barre du Tribunal, en exécution de ses prescriptions, de demander un délai pour préparer leur défense; ce délai ne peut être inférieur à trois jours.

Ainsi se trouvent soigneusement garantis les intérêts même les plus opposés, et il est impossible de ne pas reconnaître que la loi de 1863 est l'une des mieux agencées et des plus intelligemment combinées quant à l'équilibre parfait qui règne entre ses prescriptions.

§ 3. — **Loi du 8 décembre 1897**

Nous pensons qu'il n'est pas inutile de mentionner la loi de 1897, parmi celles qui tendent à accélérer la procédure et à restreindre la durée de la détention. Les sévères pénalités qui sont édictées contre les gardiens-chefs et les procureurs de la République qui retiennent l'individu placé sous mandat d'amener dans les maisons de dépôt ou d'arrêt au delà du temps légal, ne sont-elles pas une sûre garantie contre les inactions coupables qui pourraient entraver la marche de l'information? La présence de l'avocat aux interrogatoires, son admission en tout état de cause à la maison de détention, ne sont-ce pas là encore autant de prescriptions qui assurent désormais que l'instruction, et partant que la détention préventive n'excèderont pas le temps strictement nécessaire au rassemblement des preuves et à la découverte des éléments de l'infraction? A notre avis, les mesures impératives et le contrôle que crée la loi de 1897 devront avoir un très heureux effet sur la marche de l'information.

CHAPITRE II

DE LA MISE EN LIBERTÉ PROVISOIRE ET DU CAUTIONNEMENT

§ 1. — **Généralités**

Le principal correctif de la détention préventive est la mise en liberté provisoire. Avant de détailler le rôle que joue cette institution dans notre droit, il est un point qui nous semble tout d'abord devoir être bien mis en lumière.

Lorsqu'un individu est soupçonné d'un crime, avant que l'autorité compétente puisse le renvoyer devant la juridiction, qui est, aux termes de la loi, compétente pour trancher la question de culpabilité, il faut nécessairement qu'une instruction ait précédé la mise en jugement. Dans cette hypothèse, nous avons déjà vu quels étaient les pouvoirs qui appartenaient au juge d'instruction relativement à la mise en détention préventive, nous aurons maintenant à considérer quelle place peut tenir la liberté provisoire dans le cours de l'information.

Lorsqu'un individu est présumé être l'auteur d'un délit, son infraction est, aux yeux de la loi et en fait généralement aussi, moins grave que s'il avait commis un crime ; de plus, il y a bien des cas, où les éléments de culpabilité sont dès l'abord suffisamment nets et précisables par de simples témoignages entendus à l'audience, pour qu'il soit superflu d'ouvrir une enquête. Aussi la juridiction chargée de statuer sur le fond peut-elle être saisie autrement que par un renvoi du magistrat instructeur. La loi admet devant le Tribunal correctionnel la citation directe du prévenu par la partie civile ou par le ministère public, et même la comparution volontaire des parties. Dans ces hypothèses, il ne peut pas y avoir de détention préventive, et partant il ne peut pas s'agir de mise en liberté provisoire. Toutefois, nous l'avons vu, en cas de flagrant délit, l'inculpé peut être constitué en état de détention par le ministère public et être cité ensuite directement par lui à l'audience. Lorsque le délit reproché paraît être de suffisante importance pour nécessiter une information, alors le juge d'instruction a, ainsi que nous l'avons exposé, le droit de mettre le prévenu en état de détention si la peine prononcée par le Code est celle de l'emprisonnement; comme contre-partie, nous aurons à préciser jusqu'à quel point la liberté provisoire corrige théoriquement et pratiquement ce pouvoir.

Pour ce qui est des contraventions, elles ne donnent jamais lieu à instruction, et il ne peut pas plus s'agir dans ce cas, de liberté provisoire que de détention préventive.

§ 2. — Conditions auxquelles est subordonnée l'admission à la liberté provisoire

Antérieurement à la loi du 14 juillet 1865, la mise en liberté provisoire n'était jamais un droit pour l'inculpé. Elle constituait une faveur laissée à l'appréciation de la Chambre du Conseil jusqu'à la loi de 1856, et qui appartint ensuite au juge d'instruction lorsque cette juridiction fut supprimée. En second lieu, jamais la liberté provisoire ne pouvait être accordée lorsque la peine à prononcer était afflictive et infamante. Les vagabonds et les repris de justice étaient également exclus de ce bénéfice. Enfin, l'obligation de fournir caution était la condition nécessaire à laquelle était subordonnée l'admission à la liberté provisoire.

La loi du 14 juillet 1865 est venue modifier ce droit rigoureux.

Si l'on veut, avant d'analyser l'économie du système actuel, résumer brièvement l'idée fondamentale qui le domine, il faut dire que la liberté provisoire est actuellement une faveur pour celui qui est placé sous le coup d'un mandat de dépôt ou d'arrêt. Nous entendons bien qu'on peut nous objecter que, dans certains cas, la liberté provisoire est devenue un droit pour le prévenu, aux termes mêmes de la loi de 1865. Mais, si l'on considère les travaux préparatoires de cette loi, il est facile de se rendre compte, que le système qui a triomphé est celui de la liberté provisoire de faveur, et que ce n'est que par égard pour le système adverse, et par une sorte de transaction, qu'exceptionnellement la liberté de droit a été consacrée pour une hypothèse que nous examinerons. Deux opinions s'étaient en effet trouvées en présence lors de la discussion de la loi de 1865. Certains députés voulaient que le pouvoir discrétionnaire du juge d'instruction fut limité au cas de crime, et qu'au contraire, la liberté provisoire fut de droit en matière délictuelle. Cette opinion était un retour au décret du 16 septembre 1791, et de plus consacrait une théorie longtemps soutenue par la jurisprudence sous l'empire même du Code de 1808 (arrêts 21 avril 1815. — 15 juillet 1837. — 17 mars 1841. — 22 avril. 17 juillet 1841). — (contra arrêts du 23 fév. 1844 et suivants). Un contre-projet décidait au contraire, que pour les délits comme pour les crimes, la liberté provisoire devait toujours être une faveur et jamais un droit. En présence de ces opinions bien tranchées, on dut chercher un terrain d'accommodement. Pour les crimes, tout le monde étant d'accord, la liberté provisoire fut déclarée facultative. Pour les délits au contraire, il fut concédé que, sous certaines conditions, la liberté provisoire serait de droit à la suite d'une courte prévention. L'article 113 du Code d'instruction criminelle précise les conditions d'admission à la liberté de droit ; en sorte que dans tous les autres cas, qui constituent, on peut le dire, l'immense majorité, la liberté provisoire reste d'un emploi facultatif pour le juge d'instruction,

A. — *Liberté provisoire de droit.* — Voyons maintenant à préciser quand la liberté provisoire constitue un droit pour le prévenu.

L'article 113 du Code d'instruction criminelle porte : « En matière correctionnelle, la mise en liberté sera de droit cinq jours après l'interrogatoire en faveur du prévenu domicilié, quand le maximum de la peine prononcée par la loi, sera inférieur à deux ans d'emprisonnement. »

Donc, première condition : Il faut que le maximum de la peine soit inférieur à deux ans d'emprisonnement. Mais comment fixera-t-on la quotité de la peine qui peut être encourue ? Considérera-t-on le réquisitoire du ministère public ou la qualification du fait contenu dans le mandat ? Non évidemment. La loi, qui confie l'information au juge d'instruction, et qui, par conséquent, lui donne pouvoir pour relever et grouper tous les éléments qui sont susceptibles de modifier, de diminuer ou d'aggraver la culpabilité du délinquant, n'entend pas le lier au début de la poursuite par une qualification vague d'un fait qu'on n'a pu encore préciser. Le juge d'instruction devra donc, au cours de son enquête, et dans les délais qui lui sont impartis, se faire une opinion sur la gravité de l'infraction qu'il instruit ; il devra ensuite s'en référer à la qualification qu'il croira devoir donner au fait, pour apprécier si l'inculpé a ou n'a pas droit à sa liberté provisoire, suivant le maximum de la peine que la loi prononce contre le délit visé.

Ceci dit, il faut apprécier la disposition que nous venons de mentionner. La loi a-t-elle fait beaucoup pour les prévenus, lorsqu'elle a déclaré qu'ils auraient droit à la liberté provisoire lorsque leur délit serait puni d'une peine inférieure à deux ans de prison ? Tout d'abord, l'article 113 lui-même apporte des restrictions à ce droit ; nous les examinerons ci-après et notre intention n'est pas de les critiquer ; à notre sens elles s'imposent ; néanmoins ce sont des restrictions, et par là, nous voulons dire, qu'une assez grande quantité de prévenus se verront refuser la liberté provisoire, alors même que leur faute n'entraînerait qu'une peine inférieure à deux ans de prison. Mais il y a plus. Les délits que la loi punit de moins de deux ans d'emprisonnement sont-ils nombreux ? Pour répondre à cette question, prenons le Code pénal. L'énumération qu'on peut faire des articles qui prononcent une peine inférieure à deux ans de prison tendrait à prouver que la garantie de la loi de 1865 est d'une grande efficacité et que son application doit être fréquente. Nous relevons les articles suivants : 154, 155, 161, 184, 192, 193, 212, 224, 225, 234, 236, 238, 249, 260, 261, 262, 271, 274, 283, 314, 345, 346, 348, 358, 360, 373, 378, 401 (4°), 410, 411, 412, 419, 445, 447, 449, 450, 451, 453, 454, 456, 457, De cette énumération, il convient tout d'abord de retrancher l'article 271, conformément aux restrictions que nous avons annoncées, car il vise le délit de vagabondage ; or, les vagabonds ne sont pas domiciliés, ce qui est une cause d'exclusion générale du bénéfice dont nous nous occupons. Pour la même raison, l'article 274, qui réprime la mendicité, devra être, dans bien des cas, considéré comme étant en dehors de la sphère d'application de l'article 113 § 2, C. i. c. Reste la grande masse des articles du Code pénal que nous avons cités. Qu'on en prenne quelques-uns au hasard, et voici, après un bref examen, l'enseignement qu'on devra tirer de leur étude : ou bien les délits visés sont en pratique de si peu de fréquence, que c'est à peine s'ils valent la peine d'être pris en considération ; ou bien le délinquant sera presque toujours surpris en flagrant délit, et alors nous savons que la loi de 1863 crée pour cette hypothèse, une procédure rapide et avantageuse pour le prévenu, (v. art. 261, 262, 401 [4°] etc.) ou bien encore le délit sera de très minime importance ; en sorte que des magistrats consciencieux n'eussent sans doute guère songé à mettre en état de détention celui qui ne se fut rendu coupable que d'une si légère faute. Il est vrai, et nous sommes du reste les premiers à appuyer énergiquement cette opinion, qu'on peut préférer imposer aux magistrats instructeurs une mesure qu'on est en droit de ne pas toujours attendre de leur bon vouloir et de leur bienveillance. Mais il ne faut pas s'imaginer, qu'on a désarmé, par la loi de 1865, le juge qui tient à garder un inculpé en état de détention préventive. Il est des accommodements avec la loi ; tel qui aurait droit à la liberté provisoire, si son délit était qualifié de telle manière, n'y aura pas droit, parce qu'il plaira au juge d'instruction de donner un autre caractère à l'infraction ; et comme c'est ce magistrat qui apprécie les charges et qui recueille les preuves, sa décision à cet égard sera à peu près souveraine. Il restera, il est vrai, au prévenu, la ressource de se pourvoir contre le refus de mise en liberté provisoire, conformément à l'article 135 C. i. c. ; mais la Chambre des mises en accusation craindra, la plupart du temps, d'entraver la marche d'une information dont elle ignorera les détails, et se gardera de modifier la décision du juge.

La seconde condition imposée par la loi pour que la liberté provisoire soit de droit, c'est que l'inculpé soit domicilié. Sur ce, rien à dire, à notre sens. On comprend facilement, que celui-là seul, qui a un domicile bien déterminé, offre des garanties suffisantes de représentation pour qu'on puisse lui faire un droit de la liberté provisoire. Le mot domicilié doit s'entendre ici d'une résidence fixe et habituelle, même située en dehors du ressort de la juridiction compétente pour connaître de l'infraction.

La loi de 1865 ajoute encore : « La disposition qui précède ne s'appliquera ni aux prévenus déjà condamnés pour crime, ni à ceux déjà condamnés à un emprisonnement de plus d'une année. » L'individu condamné pour crime à une peine inférieure à une année d'emprisonnement, par suite de l'admission de circonstances atténuantes, est-il écarté du bénéfice de la liberté provisoire de droit ? Sur ce point les avis sont partagés. Selon nous, les termes de la disposition qui vient d'être citée, excluent d'une façon absolue tous les individus condamnés pour crime (en ce sens F. Hélie).

Enfin, dernière restriction, la liberté provisoire n'est de droit que cinq jours après l'interrogatoire.

Cette mesure est d'une application facile lorsque le prévenu comparaît et est interrogé à la suite d'un mandat de comparution ou d'amener décerné contre lui. Dans cette hypothèse, en effet, l'interrogatoire ne saurait être différé. Mais, supposons que l'inculpé soit en fuite ; le juge d'instruction peut alors décerner avant toute comparution un mandat de dépôt ou d'arrêt. La loi, dans ce cas, ne lui fait pas une obligation d'interroger le détenu à bref délai. Il s'en suit, que l'inaction du magistrat instructeur peut retarder la mise en liberté provisoire. Nous signalons ce regrettable inconvénient.

Aucune autre condition n'est mise par la loi de 1865, à l'obtention de la liberté provisoire de droit. Il faut en conclure qu'une demande du prévenu n'est pas nécessaire, et que le juge d'instruction peut et même doit d'office mettre le prévenu en liberté, s'il reconnaît qu'il réunit les conditions fixées par la loi. Jamais en outre le juge ne peut, dans notre hypothèse, subordonner la mise en liberté à un cautionnement

Nous avons déjà laissé entendre que la loi de 1865 n'avait pas produit tout le bien qu'on pouvait attendre d'elle. La mesure nouvelle de cette loi, qui fait un droit de la liberté provisoire, sous les conditions que nous venons de préciser, n'a pas la portée qu'on paraît quelquefois lui attribuer. Cette disposition est soumise à des restrictions et est souvent facile à éluder pour qui le désire. D'ailleurs, il est aisé de se convaincre, par les résultats obtenus, de la vérité de ce que nous avançons. Prenons le compte général sur l'administration de la justice criminelle. En 1864, 57.242 individus furent mis en état de détention préventive; ce chiffre est, avec une légère augmentation, celui des années précédentes. Sur ce nombre, 7.533 détenus furent déchargés de poursuites par ordonnances de non-lieu, après une détention ayant varié entre un jour et un mois et plus (1 à 3 j. 590. — 4 à 8 j. 1.854. — 9 à 15 j. 2.727. — 15 j. à 1 m. 1.527. — plus d'un mois 835). 2.326 furent acquittés par le Tribunal correctionnel, après détention de un jour à un mois et plus (1 à 3 j. 322. — 4 à 8 j. 535, — 9 à 15 j. 529. — 16 j. à 1 m. 624. — plus d'un mois 316). 414 ne furent condamnés qu'à l'amende, à la suite d'une incarcération de un jour à un mois et plus (1 à 3 j. 105. — 4 à 8 j. 118. — 9 à 15 j. 115. — 16 j. à 1 m. 64. — plus d'un mois 12). Passons maintenant à l'examen du compte criminel à une date postérieure à la promulgation de la loi de 1865. En 1875, 100.829 individus furent détenus préventivement. La durée de la détention varia de moins d'un jour à plus de trois mois (moins d'un jour 11.718. — 1 à 3 j. 29.622. — 4 à 8 j. 19.946. — 9 à 15 j. 14.496. — 16 j. à 1 m. 12.829. — 1 à 2 m 6.411. — 2 à 3 m. 853.

— plus de 3 mois 1.148. — Restait à statuer au moment de la fixation du compte sur le sort de 2.743 — quelques-uns étaient en outre décédés en prison) Le nombre des détentions que nous venons d'accuser pour 1875, annonce tout d'abord une progression énorme dans la criminalité ; nous voulons même croire que c'est à cette unique cause qu'est dû le surcroît d'incarcérations mentionné. Voyons maintenant quel est le rôle que joua la liberté provisoire en 1875, et spécialement quel fut le nombre des inculpés admis à la liberté provisoire, conformément au droit que leur créait l'article 113 § 2 du Code d'instruction criminelle. 3.709 prévenus obtinrent leur liberté provisoire. De ce nombre le compte criminel comprend 2.930 détenus qui obtinrent mainlevée du mandat de dépôt ou d'arrêt pour une cause ou pour une autre ; 75 furent libérés conformément aux articles 129 et 131 du Code d'instruction criminelle ; 412 sur requête, en vertu de l'article 113, § 1 ; 114 bénéficièrent de la faculté reconnue au Tribunal par l'article 5 de la loi du 20 mai 1863 ; enfin 178 furent reconnus en droit d'être mis en liberté provisoire, conformément à l'article 113, § 2. Donc 178 détenus sur 100,829 eurent, en 1875, à bénir la loi de 1865 qui leur fit, sous certaines conditions, un droit de la liberté. Une pareille proportion est éloquente. Qu'on ne vienne pas dire que nous avons à dessein choisi l'année 1875 pour les besoins de notre cause ; en 1876, 101.939 individus furent détenus; 4.276 furent mis en liberté provisoire, dont 123 seulement en exécution de l'article 113, § 2. La proportion est demeurée la même dans les années suivantes. Voilà qui justifie pleinement une opinion que nous reproduisons et qui est absolument la nôtre : « Il est rigoureusement exact d'affirmer qu'en France, de nos jours, la liberté provisoire dans nos usages judiciaires, n'a rien gagné aux leçons du passé et qu'elle constitue plus que jamais une faveur, et une faveur fort restreinte, dans le cas où cependant elle devrait être un droit strict. Il semblerait qu'elle effraye nos magistrats ». (Marcy. *L'accusé devant la loi pénale*, page 171).

Puisque nous sommes en train de parler de la liberté provisoire de droit, c'est ici le moment de mentionner l'article 206 du Code d'instruction criminelle, modifié par la loi de 1865. « En cas d'acquittement, le prévenu sera immédiatement et nonobstant appel, mis en liberté ». Sous l'empire de la législation de 1808, l'inculpé restait en prison préventive pendant les dix jours qui étaient accordés au ministère public pour faire appel. Une loi de 1832 vint restreindre le délai de la notification d'appel de la partie publique à trois jours. Enfin, la loi de 1865 introduisit l'excellente mesure que nous rapportons.

Désormais, c'est un droit absolu pour l'inculpé d'être mis en liberté aussitôt après son acquittement. La loi le dit formellement pour l'hypothèse où la sentence d'acquittement est susceptible d'appel ; il faut donner la même solution pour le cas où il s'agit d'un arrêt de la Cour d'appel, dont le ministère public peut attaquer la validité par un pourvoi en cassation.

Remarquons qu'ici, ce que la loi ordonne c'est l'élargissement d'un individu reconnu non coupable, et non la mise en liberté provisoire d'un inculpé. Il est vrai, que tant qu'il peut y avoir appel, tout élément de culpabilité n'est pas définitivement écarté. Néanmoins, la situation est bien différente de celle où il y a mise en liberté provisoire en vertu de l'article 113 ; aussi, tout en parlant à cette place de l'article 206, croyons-nous devoir mettre à part l'hypothèse qu'il prévoit.

La loi de 1865 n'a fait qu'étendre à tous les cas, une mesure qui avait déja été édictée par la loi de 1863 sur les flagrants délits correctionnels. L'article 6 de cette loi portait : « l'inculpé, s'il est acquitté, est immédiatement et nonobstant appel, mis en liberté. » La généralisation de cette mesure s'imposait.

B. — *Liberté provisoire facultative.* — La mise en liberté provisoire est une simple faculté pour le juge toutes les fois qu'on ne se trouve pas dans l'hypothèse prévue par l'article 113 § 2, C. i. c. Le premier alinéa de ce même article s'exprime ainsi : « En toute matière, le juge d'instruction pourra, sur la demande de l'inculpé, et sur les conclusions du procureur de la République, ordonner que l'inculpé sera mis provisoirement en liberté, à charge par celui-ci de prendre l'engagement de se représenter à tous les actes de la procédure et pour l'exécution du jugement aussitôt qu'il en sera requis ». Ainsi se trouve consacré le pouvoir discrétionnaire du juge d'instruction. Aucun inculpé n'est exclu du bénéfice de la liberté provisoire, eût-il commis un crime capital, fut-il même récidiviste. En pratique, nous avons vu avec quelle parcimonie la liberté était distribuée.

Quelles sont les formalités que doit remplir le détenu qui prétend à la liberté provisoire ?

Il doit tout d'abord faire une demande, c'est essentiel. Cette demande doit revêtir la forme d'une simple requête (art. 117). A l'appui de cette requête, le prévenu peut fournir des observations écrites.

La partie civile doit recevoir notification de la demande à son domicile ou à celui qu'elle aura élu. Elle a vingt-quatre heures à partir de cette notification pour présenter des observations écrites (art. 118). On a très justement fait remarquer que cette formalité n'avait plus guère de raison d'être. Aujourd'hui, la liberté provisoire peut être accordée sans cautionnement ; quel sera donc dans ce cas l'intérêt de la partie civile à s'opposer à la mise en liberté ? Elle n'en aura aucun. D'ailleurs, même si un cautionnement est exigé, il ne garantit pas le paiement des dommages et intérêts résultant du préjudice subi par la partie civile. Alors, quel avantage trouve-t-elle à mettre un empêchement à la libération provisoire ? Uniquement celui-ci, c'est de venir en seconde ligne à la répartition des sommes provenant du cautionnement, s'il en a été exigé un, pour les frais que lui a coûtés son intervention au procès. C'est là un intérêt un peu mince, qui ne peut guère justifier la notification dont nous venons de parler. Toutefois, il convient de faire remarquer que l'intervention de la partie civile devant la juridiction saisie de de la demande en liberté provisoire, lui permettra, par la suite, d'attaquer la décision qui sera intervenue relativement à la fixation ou à la dispense du cautionnement. Mais, nous le répétons, la partie civile ne peut jamais prétendre qu'au remboursement des frais avancés par elle, c'est bien peu pour tant de démarches.

Le procureur de la République doit recevoir communication de la requête à l'effet de pouvoir donner ses conclusions, ainsi que l'exige l'article

113, § 1. Les conclusions n'ont pas besoin d'être conformes et ne lient pas la juridiction saisie de la demande de mise en liberté provisoire.

D'après l'article 117 C. i. c., il est statué en Chambre du Conseil sur la requête. Si c'est le juge d'instruction qui doit prendre la mesure, il va de soi qu'il n'est besoin de lui fixer aucun mode de délibération.

L'inculpé doit prendre l'engagement de se représenter à tous les actes de la procédure et pour l'exécution du jugement, aussitôt qu'il en sera requis.

Selon l'article 121 2°, préalablement à la mise en liberté, l'inculpé doit élire domicile dans le lieu où siège le juge d'instruction ou la juridiction saisie du fond de l'affaire, suivant l'autorité dont il dépend au moment où il forme sa demande.

La mise en liberté provisoire est accordée avec ou sans cautionnement. C'est là une innovation de la loi de 1865. Il est des cas où la situation ou la moralité de l'inculpé sont une suffisante garantie de sa représentation. Dans ce cas, il est inutile d'exiger de lui le versement d'une somme d'argent dont l'utilité ne se fait pas sentir.

c. — *Cautionnement.* — Sous l'empire du Code de 1808, la liberté provisoire était toujours soumise à la condition du versement d'un cautionnement. Le minimum de ce cautionnement était fixé à 500 francs. Un décret du 23 mars 1848 vint supprimer tout minimum. Dès lors, on peut dire que pratiquement la liberté provisoire n'était plus soumise au versement d'un cautionnement. La loi de 1865 est venue consacrer cet état de fait. Avant elle, la loi du 20 mai 1863 sur les flagrants délits avait déjà permis au Tribunal correctionnel de mettre, s'il y avait lieu, le prévenu provisoirement en liberté avec ou sans caution, au cas où il croyait devoir ordonner le renvoi de l'affaire pour plus ample information.

La loi de 1865 a également supprimé tout maximum dans la fixation du cautionnement. Il doit en être ainsi pour qu'on puisse proportionner la garantie aux craintes de fuite qu'inspire l'inculpé, suivant la gravité de son infraction et les moyens que sa situation sociale met à sa disposition. L'ancien article 119 C. i. c. disait, au contraire: « Si la peine correctionnelle était à la fois l'emprisonnement et une amende dont le double excéderait cinq cents francs, le cautionnement ne peut pas être exigé d'une somme plus forte que le double de cette amende. S'il avait résulté du délit un dommage civil appréciable en argent, le cautionnement sera triple de la valeur du dommage... »

Le cautionnement doit consister soit en espèces, soit dans l'engagement pris par un tiers solvable, de faire représenter l'inculpé à toute réquisition de justice. Autrefois, l'ancien article 117 appréciait de façon fort dure la solvabilité de la caution : « elle devra être justifiée par des immeubles libres, pour le montant du cautionnement et une moitié en sus » ; cette solvabilité pouvait être discutée par le procureur de la République et par la partie civile. La loi de 1865 a supprimé ces exigences et ces entraves ; désormais, toute tierce personne solvable peut être admise comme caution. L'affectation hypothécaire obligée, résultant de l'article 117, est remplacée par un simple engagement personnel de la caution. Il est vrai, que d'une façon générale, notre législation n'apprécie la solvabilité des cautions qu'eu égard à la valeur des immeubles libres qu'elles possèdent. Mais, on comprend qu'ici, le juge d'instruction étant en somme libre d'accorder la liberté sans caution, aura un pouvoir discrétionnaire quand il s'agira de reconnaître la solvabilité de la personne qui s'offrira pour garantir la représentation de l'inculpé.

D'après l'article 114 nouveau du Code d'instruction criminelle, le cautionnement garantit aujourd'hui, outre la représentation de l'inculpé à tous les actes de la procédure et pour l'exécution du jugement, 1° les frais faits par la partie publique ; 2° les frais avancés par la partie civile ; 3° le paiement des amendes. Dans cette énumération ne figure pas le paiement des réparations civiles. Il n'en était pas de même sous l'empire de la législation antérieure à 1865. On a compris qu'une contrainte quelconque, exercée contre un individu non encore reconnu coupable, ne devait être employée que dans l'intérêt de la société et non en vue de sauvegarder des droits pécuniaires privés. Dans l'exposé des motifs de la loi sur la liberté provisoire, on qualifia d'une façon énergique et fort juste de « contrainte par corps préventive accordée à une créance douteuse » l'institution d'un cautionnement destiné à garantir les réparations civiles.

Voyons maintenant ce que devient le cautionnement dans les différentes hypothèses qui peuvent se présenter.

Supposons d'abord que l'inculpé se présente à tous les actes de la procédure et pour l'exécution du jugement. Dans ce cas la caution est déchargée de son obligation et le cautionnement doit être remboursé s'il a été fourni en espèces. L'article 122 dit en effet : « Les obligations résultant du cautionnement cessent si l'inculpé se présente à tous les actes de la procédure et pour l'exécution du jugement ». C'est qu'en effet, le but immédiat du cautionnement est d'assurer la représentation de l'inculpé et non le paiement des condamnations pécuniaires qui ont été prononcées contre lui. Le mot exécution du jugement qu'emploie l'article 114 vise en effet l'emprisonnement qui peut être encouru, mais ne doit pas s'entendre de l'acquit des sommes dont le jugement a rendu le condamné débiteur. Le législateur n'a évidemment voulu ici, au moyen du cautionnement, assurer à la société qu'une garantie équivalente à celle que pouvait lui procurer la détention préventive. Il a, en conséquence, été reconnu que lorsque le condamné s'était présenté pour l'exécution du jugement, il ne pouvait plus être question de retenir sur le cautionnement le montant des frais et amendes mis à son compte. Toutefois, lorsque c'est le condamné lui-même qui a fourni les espèces, l'Etat ayant le droit de saisir indistinctement tous les biens de celui-ci pour obtenir paiement de ce qui lui est dû en vertu du jugement de condamnation, aucune exception ne pourra être opposée pour empêcher que ce paiement ne s'effectue sur les sommes déposées.

Prenons maintenant l'hypothèse où l'inculpé ne se présente pas aux actes de la procédure ou pour l'exécution du jugement. Comment la situation va-t-elle se régler? La loi de 1865 a pensé qu'il fallait faire des distinctions. Le nouvel article 114 a divisé le cautionnement en deux parties dont les quotités respectives doivent être fixées par l'ordonnance de mise en liberté provisoire. La première partie du cautionnement garantit la représentation de l'inculpé à tous les actes de la procédure et pour l'exécution du jugement. Par le seul fait que l'inculpé manque à se présenter sans motif légitime, cette portion de la somme versée est acquise à l'Etat à titre de clause pénale. Néanmoins, l'article 122 permet aux Cours et Tribunaux en cas de renvoi de poursuite, d'absolution ou d'acquittement, d'en ordonner la restitution. Il faut donner la même solution en cas d'ordonnance ou d'arrêt de renvoi, car l'esprit de la loi conduit évidemment à cette extension. Mais, à supposer qu'un prévenu, mis en liberté provisoire sous caution, se présente devant le Tribunal au jour indiqué à l'effet de demander une remise, et déclare, sur le refus du Tribunal de la lui accorder, faire défaut, doit-on dire qu'il y a non représentation ? Nous ne le pensons pas, c'est vainement selon nous, qu'on invoquerait l'art. 125 C. i. c. qui dit : « si après avoir obtenu sa liberté provisoire l'inculpé ne comparaît pas..... » ; le mot comparution doit être pris ici comme synonyme de représentation ; or, celui qui demande une remise et qui ensuite déclare faire défaut se présente. Quant à la faculté de faire défaut, c'est un attribut du droit de défense. Il serait manifestement contraire au vœu de la loi de 1865, qui est avant tout une loi favorable aux prévenus, de profiter d'une omission ou d'un manque de précision de sa part, pour violer indirectement un des droits les plus sacrés des individus. D'ailleurs, l'article

122 dit que la première partie du cautionnement est acquise à l'Etat, si le prévenu est constitué en défaut de se présenter sans motif légitime. Or, peut-on dire que ce ne soit pas un motif légitime de non comparution que de ménager ses moyens de défense pour les faire valoir en temps utile? Quoi qu'il en soit, la jurisprudence est d'une opinion opposée à la nôtre.

La seconde partie du cautionnement garantit les frais faits par la partie publique, ceux avancés par la partie civile et les amendes, dans l'ordre que nous indiquons. En cas de renvoi de poursuite, d'absolution ou d'acquittement, cette portion des sommes versées est toujours restituée. En cas de condamnation, la répartition a lieu conformément à l'article 114.

Si le cautionnement a été fourni en espèces, il n'y a aucune difficulté pour le recouvrer. S'il résulte de l'engagement d'un tiers, l'administration aura le droit de poursuivre la caution en vertu de l'acte de soumission consenti par elle et conservé au greffe. A cet effet, suivant l'article 124 « le ministère public, soit d'office, soit sur la provocation de la partie civile, est chargé de produire à l'administration de l'enregistrement, soit un certificat du greffe constatant, d'après les pièces officielles, la responsabilité encourue dans le cas de l'article 122, soit l'extrait du jugement, dans le cas prévu par l'article 123, § 2. — Si les sommes dues ne sont pas déposées, l'administration de l'enregistrement en poursuit le recouvrement par voie de contrainte »; en outre, « La caisse des dépôts et consignations est chargée de faire, sans délai, aux ayant droit, la distribution des sommes déposées ou recouvrées. » Cette distribution s'effectuera soit sur la production d'un certificat constatant que l'inculpé ne s'est pas représenté, soit sur le vu de l'extrait du jugement de condamnation, suivant qu'il s'agira de la première ou de la deuxième partie du cautionnement. Quant à la restitution des sommes déposées, elle sera obtenue sur la production d'un extrait de la décision de renvoi de poursuite, d'absolution ou d'acquittement.

Au point de vue de la restitution, une question se pose. Un individu a été mis en liberté provisoire sous caution, puis il s'est présenté toutes les fois qu'il en a été requis. Le Tribunal correctionnel, devant lequel il comparaît, le condamne avec application de la loi Bérenger. Devra-t-on attendre, pour restituer le cautionnement, que l'exécution de la condamnation soit devenue impossible, par suite de l'expiration du délai légal dans lequel le condamné peut être astreint à subir sa peine s'il commet un nouveau délit ? A vrai dire, le cautionnement garantissant l'exécution de la condamnation, il semblerait qu'il ne doit être restitué que lorsque cette condamnation est devenue lettre morte. Mais, si l'on considère que le cautionnement est une garantie destinée à remplacer celle qui résulterait de la détention préventive, on sera conduit à décider que le cautionnement ne doit pas subsister comme garant de l'exécution de la condamnation prononcée avec application de la loi Bérenger, puisque la détention préventive serait forcément levée si elle avait été maintenue jusqu'au jugement, par la décision même qui prononce la condamnation. En concluant ainsi nous sommes logiques avec nous-mêmes. Pour le paiement de l'amende, nous avons dit que le cautionnement ne pouvait pas être retenu à l'effet d'obtenir l'acquit de la somme due, parce que la détention préventive n'eût pas garanti l'exécution d'une condamnation pécuniaire ; dans notre hypothèse, nous concluons, pour la même raison, que le dépôt ne doit pas survivre au jugement de condamnation. Le cautionnement tombe dès qu'il ne peut plus y avoir détention.

§ 3. — De la demande de mise en liberté provisoire

« La liberté provisoire peut être demandée en tout état de cause », ainsi s'exprime l'article 116

C. i. c. remanié par la loi de 1865. L'ancien article 114 disait au contraire : « Si le fait n'emporte pas une peine afflictive et infamante, le juge d'instruction (la Chambre du Conseil avant 1856) pourra..... » et cet article ne parlait que du juge d'instruction. Il est vrai qu'à la fin de l'article se trouvait cette phrase « La mise en liberté provisoire avec caution pourra être accordée en tout état de cause » Que fallait-il en conclure ? Le juge d'instruction était-il compétent pour statuer sur la liberté provisoire en tout état de cause, alors même qu'il s'était dessaisi ? ou bien y avait-il un vice de rédaction dans l'article 114, et devait-on dire que toute juridiction saisie de la cause était compétente pour statuer en la matière ? C'est ce dernier parti qu'adopta la jurisprudence, et c'est aussi celui qu'a consacré la loi de 1865.

Quelles sont maintenant les juridictions compétentes pour statuer sur la demande de mise en liberté aux termes de l'article 116.

I. — Le juge d'instruction a qualité pour statuer jusqu'au moment où il se dessaisit par une ordonnance.

II. — La Chambre des mises en accusation emprunte son pouvoir à l'ordonnance de renvoi du juge d'instruction et le conserve jusqu'à l'arrêt par lequel elle défère l'accusé à la Cour d'assises ou le renvoie devant le Tribunal correctionnel.

III. — Le Tribunal correctionnel devient compétent à partir de l'ordonnance ou de l'arrêt de renvoi et conserve cette compétence jusqu'au jugement. En outre, en vertu de la loi de 1863, le Tribunal correctionnel peut mettre en liberté provisoire avec ou sans caution, lorsque l'affaire n'est pas en état de recevoir jugement immédiat, l'individu surpris en flagrant délit contre lequel le procureur de la République a délivré un mandat de dépôt. La compétence du Tribunal commence alors à la date de la comparution du prévenu, date qui ne peut pas être postérieure au lendemain de la mise en état de détention.

IV. — La Cour d'appel (Chambre des appels correctionnels) est saisie par l'appel interjeté de la décision du Tribunal, et peut statuer sur la mise en liberté provisoire jusqu'au moment où elle rend son arrêt.

V. — A cette énumération, il convient d'ajouter depuis la loi du 8 décembre 1897, la Cour d'assises. Aux termes du § 11 de cette loi : « Lorsque la Cour d'assises, saisie d'une affaire criminelle, en prononce le renvoi à une autre session, il lui appartient de statuer sur la mise en liberté provisoire ». Cette heureuse innovation est due à M. Chaumié, sénateur, qui, le 28 mai 1897, fit voter cette disposition additionnelle au projet Constans. Désormais, l'accusé peut, au cas de renvoi de son affaire à une autre session, demander à ce que les effets de l'ordonnance de prise de corps soient levés. En province, les assises régulières ne se tiennent que tous les trois mois ; il était en conséquence vraiment excessif d'obliger, dans tous les cas, l'accusé à attendre si longtemps son jugement sous les verrous. (Antérieurement à la loi de 1897, la Cour d'assises de la Somme avait jugé qu'elle avait le droit d'ordonner la mise en liberté de l'accusé en renvoyant la cause à une autre session (15 janvier 1872). La Cour de cassation cassa l'arrêt (1er juillet 1872).

Selon l'article 421 du Code d'instruction criminelle « sont déchus de leur pourvoi en cassation les condamnés à une peine emportant privation de la liberté pour une durée de plus de 6 mois qui ne seront pas en état ou qui n'auront pas été mis en liberté provisoire avec ou sans caution ». Mais devant quelle juridiction devra, dans ce cas, être portée la demande de mise en liberté provisoire ? Le Tribunal ou la Cour qui a statué sur le fond de l'affaire est dessaisi, à qui donc faut-il reconnaître compétence ? Nonobstant le dessaisissement, l'article 116, § 2 donne ici pouvoir à la juridiction qui a connu du fond de l'affaire en dernier lieu. C'est au Tribunal ou à la Cour qu'il appartiendra de statuer sur la mise en liberté provisoire.

Au cas où il y a lieu à règlement de juges par

suite de l'incompétence du Tribunal saisi, quelle est la juridiction qui aura qualité pour connaître de la demande de mise en liberté provisoire, tant que l'arrêt du règlement ne sera pas intervenu ? La question est délicate. La loi dit qu'en tout état de cause la liberté peut être accordée; il faut donc trouver une juridiction qui puisse statuer. Il est assez naturel de raisonner dans cette hypothèse, en argumentant par analogie de l'article 116, § 2. Le dessaisissement n'est pas un obstacle insurmontable pour l'attribution de compétence. Nous dirons donc, que c'est à la juridiction, dont la décision est attaquée, qu'il appartient de statuer sur la mise en liberté provisoire. Or, ici, cette juridiction est le juge d'instruction ou la Chambre des mises en accusation. De même, quand un accusé se pourvoit en cassation contre l'arrêt de la Chambre des mises en accusation, qui le renvoie devant la Cour d'assises, compétence doit être reconnue, jusqu'à l'arrêt de la Cour suprême, à la juridiction d'instruction, pour décider s'il y a lieu d'agréer la demande de mise en liberté.

Nous n'avons pas à revenir sur les formalités de la demande de mise en liberté provisoire, c'est une matière que nous avons déjà traitée.

§ 4. — Voies de recours

La décision qui intervient sur la requête du détenu est susceptible, dit l'article 119 nouveau du Code d'instruction criminelle, d'opposition ou d'appel. La loi ne parle pas du pourvoi en cassation, néanmoins la jurisprudence et la doctrine sont d'accord pour ouvrir cette voie de recours à l'inculpé.

Peuvent user des voies de recours sus-indiquées, l'inculpé, le ministère public et la partie civile.

Quant à la partie civile, nous avons déjà dit, quand nous avons analysé l'article 118, qui lui permet de présenter des observations écrites, que son intervention ne se comprenait plus guère. La liberté provisoire peut être accordée sans cautionnement, et, quand il y a un cautionnement, il ne garantit pas les réparations pécuniaires dues à la partie civile. Relativement aux voies de recours, les mêmes raisons conduisent aux mêmes critiques. Le remboursement des frais faits par elle, voilà tout l'intérêt que la partie civile a au maintien de la détention préventive, ce n'est pas suffisant pour lui donner voix au chapitre.

L'article 119 C. i. c. fixe pour l'opposition et

l'appel un délai de 24 heures. Ce délai est le même pour toutes les parties en cause. Toutefois, le procureur général a le droit d'opposition dans les formes et les délais prescrits par les trois derniers paragraphes de l'article 135, c'est-à-dire qu'il a dix jours. Pendant ce laps de temps, la mise en liberté du prévenu est provisoirement exécutée.

Une première question se pose : Quel sera le délai d'appel du procureur général contre un jugement correctionnel statuant sur la mise en liberté provisoire ? Il nous semble qu'il faut répondre sans hésiter que ce délai est de 24 heures. Si la loi avait entendu en accorder un plus long, elle l'eût fait dans l'article 119, en renvoyant pour l'appel à l'article 205, comme elle renvoie pour l'opposition à l'article 135.

Seconde question : Quel sera le délai du pourvoi en cassation pour toutes les parties contre un arrêt statuant sur la mise en liberté provisoire ? Nous sommes d'avis, que, puisqu'on s'entend pour ajouter le pourvoi en cassation à l'opposition et à l'appel, qui sont les deux seules voies de recours dont parle l'article 119, on doit simplement intercaler le mot dans l'article et laisser intact le délai de 24 heures que la loi fixe d'une façon générale en la matière pour le recours quel qu'il soit (sic Dutruc. contra F. Hélie).

La forme des voies de recours dont nous venons

de parler, est une déclaration inscrite sur un registre tenu au greffe, à cet effet. Quant au délai de 24 heures de l'article 119, il court contre le procureur de la République, à compter du jour de l'ordonnance ou du jugement, et contre l'inculpé ou la partie civile, à compter du jour de la notification.

§ 5. — Terme de la liberté provisoire

1. L'article 115 du Code d'instruction criminelle dit que la mise en liberté provisoire « a lieu sans préjudice du droit que conserve le juge d'instruction, dans la suite de l'information, de décerner un mandat d'amener, d'arrêt ou de dépôt, si des circonstances nouvelles et graves rendent cette mesure nécessaire ».

On se souvient qu'au début de l'information, le juge d'instruction ne peut, en principe, faire usage d'un mandat de dépôt ou d'arrêt, qu'après avoir préalablement interrogé l'inculpé comparant ou amené. En est-il de même ici ? Equitablement, il semble bien que lorsque de nouvelles charges sont produites ou découvertes, la justice commande de permettre à l'inculpé de s'expliquer sur le champ, avant qu'il puisse être pris contre lui une mesure aussi rigoureuse que celle qui résulte de la détention préventive. Néanmoins, nous ne pouvons découvrir aucune obligation de cette sorte pour le juge d'instruction, dans l'article 115. Nous le regrettons, mais la loi nous parait lui laisser en cette matière, un pouvoir discrétionnaire.

La rétractation de la liberté provisoire, doit être ordonnée par la juridiction saisie de l'affaire, qui avait ordonné l'élargissement. C'est là une règle rationnelle qui doit être consacrée, bien que l'article 115 ne parle que du juge d'instruction. Si c'est ce magistrat qui est saisi, le droit de décerner un nouveau mandat lui appartient. Toutefois, si la liberté provisoire avait été accordée par la Chambre des mises en accusation réformant l'ordonnance du juge d'instruction, celui-ci ne pourrait décerner un nouveau mandat qu'autant que la Cour, sur les réquisitions du ministère public, aurait retiré à l'inculpé le bénéfice de la décision prise par elle. On comprend facilement que s'il en était autrement, le juge d'instruction pourrait faire bon marché des arrêts de la Chambre des mises en accusation.

Nous devons ajouter, qu'au cas où la liberté provisoire a été accordée à l'inculpé parce qu'il y avait droit, elle ne peut être retirée qu'autant que de nouvelles charges s'élèvent, qui, par leur gravité, font dégénérer le délit supposé en un délit plus important, comportant une répression de plus de deux années d'emprisonnement.

II. — Conformément à l'article 125 C. i. c. : « Si, après avoir obtenu sa liberté provisoire, l'inculpé cité ou ajourné ne comparaît pas, le juge d'instruction, le Tribunal ou la Cour, selon les cas, pourront décerner contre lui un mandat d'arrêt ou de dépôt ou une ordonnance de prise de corps. »

III. — D'après l'article 126 « L'inculpé renvoyé devant la Cour d'assises sera mis en état d'arrestation en vertu de l'ordonnance de prise de corps contenue dans l'arrêt de la Chambre des mises en accusation, nonobstant la mise en liberté provisoire. » Le terme nécessaire de la liberté provisoire en matière criminelle est donc l'arrêt de la Chambre des mises en accusation. Nous avons vu, que la loi du 8 décembre 1897 était venue permettre à la Cour d'assises de lever les effets de l'ordonnance de prise de corps, lorsqu'elle était obligée de renvoyer l'affaire à une autre session. Il faudrait aller plus loin, et donner pouvoir à la Chambre des mises en accusation, à l'effet de décider, si l'accusé peut être, même après l'arrêt de renvoi, laissé en liberté jusqu'à sa comparution devant la Cour d'assises. Cette utile réforme est depuis longtemps déjà réclamée. La pratique se rend compte du vice de la loi ; aussi croyons-nous savoir qu'à Paris, tout au moins, le procureur général qui est chargé de l'exécution de l'ordonnance de prise de corps, diffère quelquefois l'arrestation jusqu'à un temps très voisin de l'audience.

TROISIÈME PARTIE

COMPENSATIONS A LA DÉTENTION PRÉVENTIVE SUBIE

TITRE I

IMPUTATION DE LA DÉTENTION PRÉVENTIVE SUR LA DURÉE DES PEINES

CHAPITRE I

GÉNÉRALITÉS

Antérieurement à 1892, il existait, dans le Code pénal, deux articles dont le but était, l'un l'article 23, de fixer le moment à partir duquel les peines privatives de la liberté commencent à recevoir leur exécution ; l'autre 24, d'imputer dans certains cas la durée de la détention préventive sur la peine encourue.

Ces deux articles étaient ainsi conçus : art. 23

« La durée des peines temporaires comptera du jour où la condamnation sera devenue irrévocable ».

Article 24 « Néanmoins, à l'égard des condamnations à l'emprisonnement prononcées contre les individus en état de détention préalable, la durée de la peine, si le condamné ne s'est pas pourvu, comptera du jour du jugement ou de l'arrêt, nonobstant l'appel ou le pourvoi du ministère public, et quel que soit le résultat de cet appel ou de ce pourvoi. Il en sera de même dans le cas où la peine aura été réduite sur l'appel ou le pourvoi du condamné ».

Somme toute, cette législation consacrait le principe de la non imputation de la détention préventive. Une double exception était apportée à la règle: Premièrement : si le ministère public avait fait appel d'un jugement, ou s'était pourvu en cassation contre un arrêt, la période d'emprisonnement comprise entre la date de la condamnation et celle de la décision statuant sur le recours, était imputée sur la peine encourue. Secondement : si le condamné avait fait appel ou s'était pourvu contre le jugement ou l'arrêt de condamnation, la même imputation avait lieu, mais à la condition que le condamné eût obtenu, par son recours, une réduction de peine. Ces deux exceptions ne se rapportaient qu'à l'emprisonnement correctionnel; la détention préventive n'était jamais imputée sur les peines criminelles.

En 1888, un projet d'initiative parlementaire fut soumis aux Chambres. Son but était d'imputer d'une façon générale et obligatoire la détention préventive sur la peine encourue. Ce projet fut longtemps discuté ; il ne devint la loi du 15 novembre 1892, qu'après avoir subi d'importantes modifications, et, entre temps, changé de caractère.

A vrai dire, le système de la non imputation est, en théorie, et en pratique peut-être aussi, défendable. L'emprisonnement qui résulte de la détention préventive a un autre but que l'emprisonnement qui est subi en vertu d'une sentence de condamnation ; partant, ces deux mesures se légitiment par des raisons très différentes. Priver un inculpé de sa liberté, c'est prendre une mesure de sûreté générale, c'est assurer l'efficacité de l'instruction, c'est encore rendre certaine la représentation de l'inculpé pour l'exécution du jugement. Ecrouer un condamné, c'est lui faire purger la peine qui a été prononcée contre lui, c'est poursuivre le double mobile de la répression et de l'amendement du coupable. De ce que la société, a usé du premier droit qui lui est reconnu, de rechercher l'auteur d'une infraction et de rassembler les preuves du fait, de ce qu'elle a été obligée, pour arriver à cette connaissance, d'emprisonner l'individu soupçonné, s'ensuit-il qu'elle soit ensuite déchue du droit d'incarcérer le coupable, ou que tout au moins son pouvoir de répression s'en trouve amoindri ? Il n'est pas utile d'insister, pour comprendre, que l'emprisonnement préventif et l'emprisonnement définitif à titre de peine, correspondent à des droits sociaux comme à des besoins pratiques différents. Il est facile de démontrer, que dans son application, le système de l'imputation ne doit pas être exempt de toute critique, et que ses imperfections viennent précisément de la confusion de deux emprisonnements, qui n'ont ni le même but ni le même caractère. Toutefois, nous comprenons ce qu'on peut faire valoir en faveur de la théorie aujourd'hui consacrée. Il importe d'atténuer autant que possible pour les inculpés les effets de la détention préventive, et à ce point de vue, l'imputation est une compensation à la privation de liberté endurée avant le jugement de condamnation. Mais alors, l'imputation devrait avoir un corollaire nécessaire, à savoir le paiement d'une indemnité aux inculpés, qui, après avoir subi la détention préventive, bénéficient d'une ordonnance ou d'un arrêt de non lieu ou d'une sentence d'acquittement. Dans une législation où ce double bienfait n'existe pas, on peut dire que les coupables sont favorisés et que les innocents sont sacrifiés. A prendre en effet deux inculpés qui ont chacun fait un mois de prison préventive, si l'un est condamné à un mois de prison avec imputation, il est aussitôt libéré ; si l'autre est acquitté sans indemnité, il se trouve alors exactement dans le même cas que celui qui a été reconnu coupable. Cette similitude de situations est sans aucun doute fâcheuse. Reprenant l'argument que nous avons fait valoir en faveur de la non imputation, et qui est tiré de ce que l'emprisonnement préventif et l'emprisonnement définitif se justifient par des droits distincts et séparément existants de la société, nous sommes prêts à reconnaître qu'il est possible de les fondre en un tout qui n'est autre que le droit de punir. D'où la conséquence, qu'il serait loisible à la société d'épargner à un coupable l'exécution d'un châtiment qu'elle lui a en quelque sorte infligé par avance, et qui ferait double emploi, puisque le droit de punir se trouve épuisé par la détention subie. Nous ne pensons pas néanmoins qu'il convienne de considérer les choses sous cette forme simple et générale. La prison préventive est quelque chose d'à part, elle a son but propre, elle se justifie par des considérations originales ; son caractère et son régime lui sont personnels. La privation de liberté est le trait d'union qui rattache toutes les détentions, soit, mais nous n'imaginons pas que ce soient les criminalistes contemporains, si jaloux de règlementer le régime des prisons de façon à l'adapter aux buts différents qu'ils se proposent, qui voudraient nous soutenir que toutes les détentions sont équivalentes. Avec le système de l'imputation, tel qui a été laissé en liberté provisoire, subira, une fois condamné, un emprisonnement rigoureux, tandis que celui qui n'a pas été jugé digne de cette faveur, à cause des mauvais renseignements fournis sur son compte, bénéficiera de toutes les douceurs de régime que procure la peine purgée en prison préventive.

L'imputation de la détention préventive ne doit donc pas, selon nous, être considérée comme une de ces mesures, qui, exemptes de toute critique, ne produisent dans leur application que des effets absolument heureux. Sans doute, il peut y avoir mauvaise grâce à s'élever contre une réforme qui n'a été inspirée que par un esprit de conciliation et d'équité. Nous nous sommes efforcés, dans tout le cours de notre travail, de faire le plus possible ressortir et apprécier les avantages accordés aux inculpés par les lois qui ont modifié la législation rigoureuse du Code ; nous ne voudrions pas être maintenant accusé d'indulgence rétrograde pour des conceptions sévères reconnues mal fondées. Au reste, nous n'avons pas encore dit quel était le caractère de l'imputation de la détention préventive dans la loi de 1892. Ce point est essentiel à préciser.

Divers systèmes relatifs à l'imputation de la détention préventive. — L'imputation, pour ceux qui l'admettent, peut être comprise de façons très différentes. Divers systèmes existent qui ont chacun leurs adhérents. Nous allons les exposer brièvement, pour faire comprendre entre quelles opinions la loi de 1892 avait à choisir, et pour apprécier le choix qu'elle a fait.

Un premier système veut que l'imputation soit, dans tous les cas, obligatoire. La détention préventive est une atteinte à la liberté individuelle, il faut donc rendre obligatoire la réparation de ce mal, toutes les fois qu'il est possible de le faire. Cette théorie a été consacrée par le Code pénal de Belgique (8 juin 1867), par le Code pénal d'Italie (30 juin 1889), par le Code pénal espagnol et par la loi grecque du 11 juillet 1892.

Un second système laisse l'imputation à la discrétion complète des juges qui sont libres de l'accorder, de la refuser ou de ne l'appliquer que pour partie. Le but est ici d'empêcher l'inculpé de prolonger, par tous les moyens, la détention préventive, afin de bénéficier des adoucissements que procure une peine subie par anticipation. Ce système est consacré par les Codes du Danemark, de l'Allemagne et de la Hollande.

Enfin, un troisième et dernier système distingue deux périodes dans la détention préventive. L'une n'est pas imputable sur la durée de la peine, l'autre au contraire, est soumise à cette imputation. Ce système avait été consacré par les Codes de Toscane et de Bavière et avait été introduit dans notre législation par une loi de 1832, qui avait modifié l'article 24 du Code pénal. Nous avons exposé ci-dessus, en transcrivant l'article 24, quel était ce système mixte.

Le premier projet qui fut soumis à la Chambre des députés en 1888, proposait l'imputation légale et obligatoire dans tous les cas. La réforme parut trop absolue à la Commission de la Chambre des députés. On vit un danger dans une imputation forcée, qui pouvait devenir trop favorable aux délinquants d'habitude, habiles à faire durer le plus possible la détention préventive, afin de bénéficier de son régime atténué. Le projet révisé, qui fut présenté à la Chambre en 1892, consacrait en conséquence l'imputation facultative pour le juge. Toutefois, s'inspirant du système mixte encore en vigueur, ce projet proposait le maintien de l'imputation légale et obligatoire pour la période de la détention postérieure au jugement ou arrêt de condamnation, sous les conditions déjà relatées. Le projet ainsi présenté fut adopté et devint la loi de 1892.

Nous allons maintenant nous occuper en détail de cette loi qui a réformé les articles 23 et 24 du Code pénal.

CHAPITRE II

POINT DE DÉPART DE L'EXÉCUTION DES PEINES
(ART. 23 C. P.)

L'ancien article 23 du Code pénal fixait le point de départ de la durée des peines temporaires au jour où la condamnation était devenue irrévocable. Le projet de loi soumis à la Chambre, en 1888, fondait ensemble les articles 23 et 24 et faisait ainsi disparaître le premier. Après réflexion, son maintien fut décidé, d'abord pour ne pas modifier le numérotage des articles du Code, et ensuite pour conserver, sous certaines modifications, la règle précise du point de départ de la durée des peines.

L'article 23 nouveau porte: « La durée de toute peine privative de la liberté compte du jour où le condamné est détenu en vertu de la condamnation devenue irrévocable qui prononce la peine ». La règle est désormais explicite. L'exécution de la peine commence à courir du jour où le condamné est détenu en vertu de la sentence prononcée contre lui. Et en effet, s'il se trouve en liberté au moment où la condamnation devient irrévocable, on ne peut pas prétendre que l'exécution commence avant l'incarcération. La loi de 1892 a ici supprimé un vice de rédaction de l'ancien article 23.

Doit-on dire, que la durée de la peine compte du jour de l'écrou dans la prison où la peine doit s'exécuter, ou du jour de l'arrestation du condamné? La question s'est posée dans la pratique, antérieurement à la loi de 1892. La Cour de cassation a décidé, contrairement à l'avis du Tribunal de la Seine, que ce n'est que du jour de l'entrée dans la maison où la peine doit être subie, que celle-ci commence à courir (S. 1851, 1,69). Les termes du nouvel article 23 semblent favorables à cette interprétation. Toutefois, nous pensons qu'il ne faut rien exagérer Le condamné qui jouit de sa liberté au moment où la condamnation devient irrévocable, doit se constituer prisonnier. Il dépend donc de lui de commencer à purger sa peine immédiatement en se constituant prisonnier au lieu fixé pour l'exécution. S'il ne le fait pas, il est en faute et ne doit s'en prendre qu'à lui-même des conséquences qui peuvent en résulter. Mais, si on ne peut en aucune façon lui imputer le retard qui est apporté à l'exécution de la peine au lieu spécialement affecté, on doit décider, par raison d'équité, que la détention quelconque qu'il subit s'impute sur la durée de la peine à purger. Il en est ainsi par exemple, lorsqu'un individu doit être transféré à la maison centrale ou dans les colonies.

Si, au jour où la condamnation devient irrévocable, le condamné se trouve déjà sous les verrous, il faut distinguer.

Est-il en état de détention préventive à raison du fait qui motive sa condamnation, la situation sera alors réglée par l'article 24 qui traite de la question d'imputation, de telle sorte que le point de départ de l'exécution de la peine pourra se trouver rétroactivement reporté à une époque antérieure à l'irrévocabilité de la condamnation. Est-il au contraire en train de purger une peine précédemment prononcée contre lui, il faudra alors attendre que cette peine soit éteinte, car, jusque là, le condamné n'est pas détenu *en vertu de la condamnation devenue irrévocable qui prononce la peine*. Supposons maintenant, qu'au moment où la condamnation devient irrévocable, le condamné soit détenu préventivement à raison d'une infraction autre que celle qui motive la condamnation dont la justice le frappe. Faut-il dire que l'exécution de la peine commence immédiatement, ou qu'elle est suspendue jusqu'au jour où la détention préventive prend fin ? La Cour de cassation, par des arrêts antérieurs à 1892, résout la question dans le premier sens (S. 1838. 1, 68 — 1839. 1, 893). L'ancien article 23 n'exigeait que l'irrévocabilité de la condamnation pour faire courir l'exécution de la peine ; le nouvel article 23 veut que le condamné *soit détenu en vertu de la condamnation*. Dès lors, ne faut-il pas dire que tant que le délinquant est en prison préventive, c'est-à-dire détenu en vertu d'un mandat de dépôt ou d'arrêt, il ne peut pas être question de compter son incarcération comme faisant partie de la peine qu'il a à purger ? A vrai dire, cette solution nous paraît d'autant plus conforme au texte, que non seulement il y a dans notre hypothèse détention en vertu d'un autre acte que le jugement de condamnation, mais encore, qu'il est impossible de prétendre que la détention préventive cède la place à l'emprisonnement définitif au jour de l'irrévocabilité de la condamnation, puisqu'en fait cette incarcération est subie dans un lieu distinct des prisons établies pour peines. Pourtant, il faut convenir que notre hypothèse est évidemment restée en dehors des prévisions du législateur de 1892 ; qu'il peut, en conséquence, paraître bizarre d'interpréter une loi favorable aux inculpés dans un sens qui leur est certainement contraire. On peut dire encore, que l'exécution de la condamnation est ici retardée par une circonstance indépendante de la volonté du condamné, qu'on l'empêche même de se présenter pour cette exécution, en le détenant préventivement, qu'en conséquence il serait peu équitable de ne pas le considérer comme purgeant sa peine. Enfin, la détention préventive ne se justifiant que par des nécessités pratiques impérieuses, on peut soutenir avec raison, qu'elle devient inutile, dès qu'il existe un autre moyen de s'assurer de la personne de l'inculpé ; or, cet autre moyen est ici l'exécution de la condamnation.

On peut remarquer, en rapprochant l'article 23 ancien de l'article 23 nouveau, que l'un parlait de peines temporaires, tandis que l'autre parle de peines privatives de la liberté. Qu'en conclure ? D'abord, que le nouvel article 23 s'applique aux peines perpétuelles comme aux peines temporaires, ce qui n'est pas aussi naïf à constater qu'on pourrait le penser. A supposer en effet, un condamné aux travaux forcés à perpétuité qui bénéficie d'une commutation de peine ; il devient intéressant de fixer avec précision le moment où il a commencé à être détenu en vertu de la condamnation. Mais, le législateur de 1892, en modifiant l'article 23, n'a pas voulu changer le moment où commencent à s'exécuter les peines non privatives de la liberté. Ainsi, pour les peines accessoires, il était décidé, antérieurement à 1892, qu'elles commençaient dès que la condamnation était devenue définitive; il doit en être encore ainsi maintenant.

CHAPITRE III

IMPUTATION (ART. 24 C. P.)

§ 1. — Première période de la détention préventive. — Imputation de la détention antérieure à la condamnation.

A. — *Caractère de cette imputation.* — Avant la loi de 1892, la période de détention antérieure à la condamnation ne pouvait jamais être imputée sur la durée de la peine. La seule chose que pouvait faire le juge, c'était de tenir compte à l'inculpé de la détention préventive subie au moment où il dosait la pénalité. Aujourd'hui, l'imputation peut s'opérer. Nous avons déjà dit qu'elle avait un caractère facultatif, reste à préciser comment s'exerce cette faculté On peut, à ce sujet, concevoir deux systèmes. Ou bien l'imputation a lieu de plein droit, sans qu'il soit nécessaire d'une décision à cet égard; elle est alors la règle et doit être expressément écartée pour ne pas s'opérer, Ou bien l'imputation doit être ordonnée, à défaut de quoi elle ne peut pas être invoquée, elle est alors l'exception. On peut encore imaginer une variante du premier système, consistant à forcer le juge qui rejette l'imputation à s'expliquer sur ce sujet par sentence motivée. C'est à ce dernier parti, qu'après de longues discussions, s'est arrêté le législateur de 1892. L'article 24 nouveau s'exprime ainsi : « Quand il y aura eu détention préventive, cette détention sera intégralement déduite de la durée de la peine qu'aura prononcée le jugement ou l'arrêt de condamnation, à moins que le juge n'ait ordonné, par disposition spéciale et motivée, que cette imputation n'aura pas lieu ou qu'elle n'aura lieu que pour partie ».

Ainsi donc, le législateur a voulu à la fois déjouer les combinaisons des inculpés, qui cherchent à prolonger la détention préventive pour bénéficier de son régime, et accorder une garantie générale aux détenus, en obligeant le juge à motiver sa sentence lorsqu'il croit devoir rejeter l'imputation.

A supposer que le jugement ou arrêt écarte l'imputation sans s'expliquer sur le motif de ce refus, qu'adviendra-t-il ? La loi n'ayant rien dit à ce sujet, il est naturel de considérer la décision comme susceptible de cassation pour insuffisance de motifs. Mais, qu'est-ce qui sera cassé ? La disposition qui a trait à l'imputation ou le jugement de condamnation lui-même ? La Cour de cassation, par un arrêt du 11 mars 1893, a décidé que la nullité atteignait l'acte entier.

B. — *Portée de cette imputation.* — L'imputation de la détention préventive s'opère sur toute peine privative de la liberté; travaux forcés, déportation, réclusion, emprisonnement. Quant au bannissement qui est simplement restrictif de la liberté, il n'est pas en général précédé de détention préventive. Si toutefois la question venait à se poser, nous n'hésiterions pas à reconnaître que la loi de 1892 doit, ici, recevoir son application ; l'expression large de « peines privatives de la liberté » devant comprendre les peines simplement restrictives de la liberté.

On dit généralement que l'imputation de la prison préventive est sans application possible aux peines perpétuelles. Nous répondons par l'argument que nous avons déjà fait valoir en commentant l'article 23, à savoir, qu'il suffit qu'une commutation de peine intervienne pour que la peine perpétuelle se change en peine temporaire et pour que l'imputation puisse s'opérer.

Il ne peut pas y avoir imputation de la détention préventive sur la durée de l'incarcération dans une maison de correction, prononcée contre un mineur de 16 ans, qui a agi sans discernement. Cette privation de liberté ne constitue pas une peine, mais une mesure d'éducation forcée, dont les effets peuvent être à tous moments conditionnellement suspendus.

La loi de 1892 est sans application pour le paiement de l'amende. L'imputation ne vise que les peines privatives de la liberté et non les peines pécuniaires. On peut regretter qu'il en soit ainsi. Si la société use son droit d'incarcérer le coupable par la détention préventive, on ne voit pas pourquoi elle conserverait celui de lui faire payer une amende, peine de moindre importance qui doit être *à fortiori* purgée par anticipation. La seule difficulté serait, si on admettait la compensation de l'amende avec la prison préventive, d'évaluer la valeur comparative des jours de détention en argent (1) L'imputation est également inapplicable à la contrainte par corps qui n'est qu'un moyen d'arriver au paiement de l'amende, des dommages et intérêts et des frais.

L'imputation de la détention préventive a lieu intégralement pour tout le temps qu'a duré l'incarcération antérieurement à la condamnation. On ne tient aucun compte de la différence de régime qui existe entre l'emprisonnement préventif et l'emprisonnement pénal. Si un inculpé, après avoir été mis en état de détention, a ensuite obtenu le bénéfice de la liberté provisoire, il devra lui être tenu

(1) Le projet de réforme du Code pénal porte dans son article 45 « Lorsque la peine prononcée sera seulement pécuniaire, le jugement ou l'arrêt pourra ordonner que le condamné qui aurait été soumis à ou détention préalable, sera exonéré en tout ou en partie du paiement de l'amende appliquée » id, Code pénal hollandais art. 27 — Code pénal italien art. 40 — Code pénal Hongrois art. 94. —

compte, une fois condamné, du temps pendant lequel il a été préventivement écroué. Il en est de même du cas où, relaxé à la suite d'un acquittement en première instance, il est ensuite condamné en appel.

Si, pour une même infraction, un inculpé a subi plusieurs détentions successives, on doit en faire le total, et imputer le tout sur la durée de la peine prononcée.

Si encore, un individu, poursuivi à raison de plusieurs crimes ou délits, n'est en fin de compte condamné que pour l'un des faits qui lui sont reprochés, l'imputation doit nécessairement comprendre la durée totale du temps passé en prison préventive pendant l'instruction des différents chefs d'inculpation.

La loi de 1892 apporte une restriction au principe de l'imputation intégrale de la détention préventive. Les juges, qui ont le droit de rejeter pour le tout l'imputation par décision spéciale et motivée, peuvent aussi, sous les mêmes conditions, ordonner qu'une partie seulement de la détention s'imputera sur la durée de la peine. Cette disposition a, elle aussi, pour but de permettre aux juges de refuser, dans une certaine mesure, aux condamnés qui ont cherché à prolonger la détention préventive un bénéfice qui ne doit pas devenir pour eux l'occasion de calculs savants.

c. — *Point de départ de l'imputation.* — Les individus soumis à la détention préventive, ne sont pas toujours placés, dès leur arrestation, dans une maison d'arrêt. Au cas de flagrant délit, par exemple, il arrive fréquemment que l'inculpé reste, pendant un certain temps, retenu dans un poste de sûreté. De même, dans l'hypothèse où l'individu contre lequel un mandat a été décerné, est trouvé hors de l'arrondissement où se fait l'information, il peut être, pendant un certain temps, privé de la liberté, sans être écroué à la maison d'arrêt. La question se pose de savoir, si l'imputation de la détention préventive doit s'appliquer à toute privation de liberté antérieure à la condamnation, ou seulement à la détention subie dans la maison d'arrêt ? La jurisprudence décide qu'il n'y a détention préventive qu'autant que l'inculpé est écroué dans la maison d'arrêt, en vertu d'un mandat délivré contre lui ; qu'en conséquence toute privation de liberté antérieure à la date de l'écrou ne doit pas s'imputer sur la durée de la peine. (Cass. 16 mars. 1893).

Antérieurement à la loi du 8 décembre 1897 sur l'instruction judiciaire, pouvaient seuls être écroués dans la maison d'arrêt, les individus contre lesquels avait été décerné un mandat de dépôt ou d'arrêt. Aujourd'hui, en vertu de l'article 2 de la loi de 1897, l'inculpé placé sous mandat d'amener peut être contraint d'attendre l'interrogatoire dans la maison d'arrêt. Nous en concluons que cette détention devra désormais, sans contestations possibles, s'imputer sur la durée de la peine.

Un inculpé contre lequel un mandat d'arrêt a été décerné, a quitté la France. Le gouvernement français adresse à la nation étrangère, auprès de laquelle s'est réfugié cet inculpé, une demande d'extradition. L'individu est arrêté et incarcéré durant l'examen de la demande d'extradition, et jusqu'au jour où il est remis entre les mains des autorités françaises. Cette incarcération doit-elle être déduite de la durée de la peine prononcée? On répond généralement affirmativement, en se fondant sur ce que la privation de liberté subie à l'étranger est l'effet de l'ordre de poursuite délivré par la justice française, et que par conséquent, il convient d'assimiler cette incarcération à la détention préventive des maisons d'arrêt. On invoque en outre les travaux préparatoires de la loi de 1892, qui sont favorables à cette interprétation large. Il convient pourtant de faire remarquer que le surcroît de détention qui résulte de la procédure d'extradition est uniquement imputable à l'inculpé, et qu'il ne pourrait s'en prendre qu'à lui-même des conséquences rigoureuses qu'on croirait devoir attacher à sa fuite.

§ 2. — Deuxième période de la détention préventive. — Imputation de la détention postérieure à la condamnation

A. — *Caractère et portée de cette imputation.* — Rappelons les dispositions de l'ancien article 24. En cas d'emprisonnement correctionnel, le Code ordonnait l'imputation légale et obligatoire de la détention préventive comprise entre la date de la condamnation et le moment où cette condamnation devenait irrévocable. Toutefois, pour que cette imputation put s'opérer, il fallait que le condamné n'eût pas exercé de recours contre sa condamnation, ou que la peine eût été diminuée sur le recours qu'il avait formé. L'imputation n'avait jamais lieu sur les peines criminelles.

Le nouvel article 24 s'exprime ainsi : « En ce qui concerne la détention préventive, comprise entre la date du jugement ou de l'arrêt et le moment où la condamnation devient irrévocable, elle sera toujours imputée dans les deux cas suivants :

1° Si le condamné n'a point exercé de recours contre le jugement ou l'arrêt.

2° Si, ayant exercé un recours, sa peine a été réduite sur son appel ou à la suite de son pourvoi ».

Il ressort de l'examen de ce texte, qu'il n'y a plus de distinction à faire entre les peines criminelles et l'emprisonnement correctionnel. L'imputation s'opère obligatoirement, quelle que soit la peine. Mais la même restriction est apportée au principe pour le cas où le condamné exercerait un recours et succomberait dans ses prétentions.

Donc, aucune difficulté sur le caractère et la portée de la déduction quand le condamné n'a pas usé des recours qui lui sont ouverts, ou quand il a triomphé sur son appel ou à la suite de son pourvoi. L'imputation s'impose toujours et ne peut, sous aucun prétexte, être rejetée.

Qu'advient-il, au contraire, lorsque le condamné s'est mis dans le cas où la loi ne fait plus pour lui de l'imputation un droit absolu? Suivant une opinion, l'article 24 reproduirait purement et simplement l'ancienne législation; d'où il résulterait que l'imputation ne pourrait jamais s'opérer quand le condamné a succombé dans son recours. La jurisprudence et la majeure partie de la doctrine n'admettent pas cette interprétation. La règle générale posée par l'article 24 nouveau est l'imputation. Elle est facultative pour les juges, sauf dans deux cas où elle devient obligatoire. Le législateur n'a pas voulu, en créant un principe favorable aux inculpés, se montrer dans une hypothèse particulière plus sévère que ne l'avait été la disposition réformée; c'est pourquoi il a consacré exceptionnellement la déduction obligatoire. Mais, toutes les fois qu'on ne se trouve pas dans l'exception, il faut revenir au principe. D'où la conclusion, que l'imputation est facultative pour les juges lorsque le condamné a exercé un recours qui n'a pas abouti au triomphe de ses prétentions. Cette manière de voir nous paraît conforme à l'esprit et à la lettre de la loi. Le bon sens veut, qu'avant de considérer l'exception on s'occupe de la règle; c'est la seule façon de comprendre la portée de la dérogation. Or, antérieurement à 1892, le cas général était la non imputation de la détention préventive; maintenant, la règle est l'imputation facultative; il est donc clair, que s'il y a de part et d'autre même exception, elle ne s'applique pas au même principe.

B. — *Examen des deux cas d'imputation obligatoire.* — 1re HYPOTHÈSE : LE CONDAMNÉ N'A PAS EXERCÉ DE RECOURS. — Il se peut que ni le condamné ni le ministère public n'exercent de recours contre le jugement ou l'arrêt de condamnation. Dans ce cas rien n'est plus juste que d'imputer la détention subie, pendant les délais de recours, sur la peine prononcée. Inutile d'insister.

Le condamné accepte la sentence qui prononce la peine, mais le ministère public exerce un recours. Il est impossible, dans ce cas, de reprocher au condamné la prolongation de détention préventive qui en résulte, et c'est pourquoi la loi de 1892, ordonne l'imputation obligatoire.

2me HYPOTHÈSE : LE CONDAMNÉ A EXERCÉ UN RECOURS. — Si sur son recours, le condamné triomphe et parvient à faire réduire la peine, il a un droit absolu à l'imputation de la détention subie depuis la date du jugement ou arrêt attaqué.

Le condamné exerce un recours mais succombe dans ses prétentions. Il n'a pas alors de droit absolu à la déduction de la détention postérieure au jugement, mais il lui reste le bénéfice de l'imputation facultative, qui s'opère, à moins d'une décision contraire spéciale et motivée.

Voyons maintenant si, dans tous les cas où le condamné échoue dans son recours, le pouvoir d'appréciation des juges du second degré leur permet d'écarter l'imputation.

Le condamné fait seul appel. En ce cas, d'après un avis du Conseil d'Etat du 12 novembre 1806, la Cour ne doit pas aggraver le sort de l'appelant. Il en résulte, qu'un arrêt ne peut pas retirer, au condamné seul appelant, le bénéfice d'une imputation que les premiers juges ont consacrée par leur silence. Un arrêt de la Cour de cassation du 13 janvier 1893 a statué en ce sens.

Mais, toujours dans l'hypothèse où le condamné seul fait appel, la Cour peut-elle, tout en le laissant bénéficier de l'imputation de la détention antérieure au jugement, rejeter la déduction pour la période postérieure à ce jugement. La Cour suprême a résolu la question dans le sens de la négative (4 août 1893) « Attendu que, dans le silence du jugement, la détention préventive toute entière, tant celle qui est postérieure que celle qui est antérieure au jugement, doit être imputée sur la durée de la peine ; que le bénéfice de cette imputation ne saurait être enlevé au prévenu sans qu'il en résulte pour lui une véritable aggravation de peine ; que, par conséquent, il ne peut en être légitimement dépouillé sur son propre appel à défaut d'appel du ministère public ; que décider autrement ce serait violer la règle reconnue par l'avis du Conseil d'Etat en date du 12 novembre 1806, d'après laquelle l'appel du prévenu ne peut pas avoir pour résultat d'aggraver sa situation. D'où il suit que dans l'espèce, le ministère public n'ayant point interjeté appel, l'arrêt attaqué a manifestement violé l'article 24 sus-visé, en déclarant que la détention préventive, subie par le demandeur entre la date du jugement et celle de l'arrêt, ne serait pas défalquée de la peine..... »

Si cette jurisprudence de la Cour de cassation peut donner lieu à des critiques de la part de la doctrine, il faut avouer qu'elle n'offre aucune espèce d'inconvénients dans la pratique. En effet, pour que la Cour d'appel puisse aggraver la situation de l'appelant, et puisse, par conséquent retirer, réduire ou restreindre l'imputation de la détention préventive, il suffit que le ministère public fasse appel *a minima*. Si donc, celui-ci juge que le recours du condamné est dû à sa mauvaise foi et à son désir de prolonger la détention préventive, il a un moyen facile de déjouer ces calculs.

Jusqu'ici, nous ne nous sommes occupés que du cas où le condamné interjette appel; mais il se peut qu'il use en outre du pourvoi en cassation. Différentes hypothèses sont alors à prévoir.

Si le condamné a fait réduire sa peine en appel, puis à nouveau à la suite de son pourvoi, aucune difficulté. Toute la détention postérieure au jugement de première instance est imputée obligatoirement.

Si le condamné échoue en appel, si ensuite son pourvoi est rejeté, l'imputation n'est pas obligatoire, mais elle s'opère néanmoins s'il n'y a pas de décision contraire spéciale et motivée. Or, il est un principe qu'il ne faut pas oublier, c'est que la Cour de cassation ne peut pas s'ériger en juge du fait; d'où cette conséquence, que si l'imputation n'a pas été écartée par la Cour d'appel, elle s'opérera pour toute la durée de la détention comprise entre la date du jugement de première instance et la date du rejet du pourvoi. Inversement, si la déduction a été refusée par les juges du second degré, leur décision à cet égard devra influer sur la période postérieure à l'arrêt, car il n'est pas d'autre façon d'accorder aux juges un pouvoir d'appréciation sur la durée de la détention qui s'écoule depuis la sentence d'appel jusqu'au rejet du pourvoi. Notons que la même solution s'applique au cas de rejet du pourvoi formé contre un arrêt de la Cour d'assises.

Le condamné, après avoir échoué dans son appel, obtient la cassation de l'arrêt et parvient ensuite à faire réduire la condamnation dont il avait été frappé. Que se passe-t-il ? Le condamné a certainement droit à l'imputation de la détention comprise entre la date de l'arrêt contre lequel il s'est pourvu et la date de la décision de la Cour de renvoi. Mais, aura-t-il également droit à la déduction de la détention subie depuis le jugement de condamnation jusqu'à l'arrêt qui avait confirmé ce jugement ? Nous répondons oui, sans hésitation, puisqu'en fin de compte le condamné a triomphé dans la lutte qu'il avait entreprise.

L'hypothèse inverse peut se présenter. Le condamné a gain de cause en appel, mais son pourvoi est rejeté. L'imputation s'étend-elle au temps passé en état de détention préventive depuis l'arrêt jusqu'au rejet du pourvoi ? Nous résolvons la question en nous servant du raisonnement déjà employé pour l'hypothèse où le condamné succombe à la fois en appel et dans son pourvoi. La Cour suprême sortirait de son rôle en s'instituant juge du fait ; la situation devra donc se règler, pour la période postérieure à l'arrêt de la Cour d'appel, d'après le sort fait au condamné pour la période antérieure à cet arrêt. Or, dans l'espèce, la déduction de cette première partie a été obligatoire puisque le condamné a triomphé dans son recours, donc l'imputation s'étendra par influence à la détention subie entre l'arrêt et le rejet du pourvoi.

Un individu détenu préventivement se laisse condamner par défaut, puis fait opposition et obtient ainsi une réduction de peine. La détention préventive, subie depuis la condamnation par défaut jusqu'au jugement rendu sur l'opposition, doit-elle nécessairement être déduite de la durée de la peine ? Nous ne pensons pas qu'on doive l'admettre. L'article 24 du Code pénal édicte exceptionnellement et sous certaines conditions l'imputation obligatoire. L'appel et le pourvoi en cassation sont les deux seuls recours dont parle la loi, il est donc impossible d'étendre la même faveur à l'opposition. Dans le silence du texte, nous dirons qu'au cas de réduction de peine sur opposition, l'imputation est facultative pour les juges. La question reste d'ailleurs entière, de savoir, s'il ne faudrait pas ici en législation mettre l'opposition sur le même pied que l'appel. Il n'y a pas, croyons-nous, de bonne raison pour s'y refuser.

En cas de désistement du recours formé par le condamné, celui-ci aura-t-il droit à l'imputation obligatoire comme s'il avait triomphé ou s'était abstenu de tout recours? Non à notre avis. Pour que la déduction soit forcée, l'article 24 exige, *que la peine ait été réduite sur l'appel ou à la suite du pourvoi.*

En cas de désistement il ne peut pas y avoir de réduction de peine fondée sur le recours du condamné, nous sommes donc en dehors du cas exceptionnel d'imputation obligatoire créé par la loi de 1892. Reste l'imputation facultative qui sera acquise au condamné s'il n'en est pas autrement décidé. S'il apparaît au Ministère public que l'appelant qui se désiste n'a usé du recours que pour prolonger la détention, il pourra former appel *a minima*; la Cour aura ainsi le droit de rejeter la déduction facultative. Si le délai ordinaire de l'appel est expiré, le procureur général pourra néanmoins, conformément à l'article 205 C. i. c., user encore de cette voie de recours. Mais, au cas où le condamné s'est pourvu en cassation, puis s'est désisté, le bénéfice de l'imputation lui est nécessairement acquis, par la force des choses, sans qu'on puisse l'empêcher.

Il est à remarquer qu'avant 1892, la Cour de Cassation distinguait entre le désistement de l'appel et celui du pourvoi. Le condamné a dix jours pour faire appel; il a donc tout le temps de réfléchir sur le parti qu'il doit prendre; s'il use du recours et s'il se désiste ensuite, il y a tout lieu de penser qu'il n'agit ainsi que pour prolonger la détention préventive. En conséquence la Cour de cassation lui refusait le bénéfice de l'imputation obligatoire. Au contraire, le condamné n'a que trois jours pour se pourvoir. La hâte qu'il doit mettre à prendre parti excuse une erreur de jugement de sa part; aussi la Cour suprême décidait-elle que le désistement effaçait rétroactivement le pourvoi et que le condamné conservait son droit absolu à la déduction de la détention subie depuis sa condamnation, comme s'il ne s'était pas pourvu (Cass. 2 juillet 1852 — 26 mai 1853 — 22 novembre 1855.

Cette distinction était généralement critiquée; elle paraît aujourd'hui inadmissible en présence de la rédaction du nouvel article 24.

Mentionnons à cette place un arrêt de la Cour de cassation du 20 juin 1895, qui décide qu'un condamné détenu, qui forme un pourvoi contre sa condamnation, ne doit pas être mis en liberté avant qu'il ait été statué sur le pourvoi, même si la peine se trouve purgée en tenant compte de la détention préventive subie. La Cour suprême s'appuie sur ce que, d'après l'article 23 du Code pénal, la durée des peines privatives de la liberté ne compte que du jour de l'irrévocabilité de la condamnation. Or, jusqu'à ce qu'il ait été statué sur le pourvoi, la condamnation n'est pas irrévocable, partant, la peine ne court pas encore et l'imputation ne peut pas s'opérer. On aperçoit facilement combien ce système est défavorable aux condamnés, qui sont mis dans l'alternative, ou de ne rien tenter pour faire tomber la condamnation qui les a frappés, ou de prolonger leur incarcération. Le raisonnement de la Cour de cassation est d'ailleurs d'une logique impeccable, mais il resterait à savoir si la solution est bien conforme à l'esprit de la loi de 1892.

§ 3. — **Particularités relatives à l'imputation**

A. — *Détention préventive pour une autre infraction que celle qui fait l'objet de la condamnation.* — Peut-il y avoir imputation de la détention préventive subie à raison d'une infraction distincte de celle qui motive la condamnation ? Nous ne supposons plus ici, comme nous l'avons fait ci-dessus, que l'inculpé est détenu préventivement à raison de plusieurs infractions ; nous ne nous occupons que du cas où il est détenu à raison d'un seul crime ou d'un seul délit, et où il vient néanmoins à être condamné durant sa détention, pour un fait tout à à fait étranger à celui qui lui vaut l'incarcération préventive. L'imputation s'opère-t-elle sur la durée de la peine prononcée pour le fait qui n'a pas occasionné la détention ? Cette question offre un intérêt très grand lorsque l'inculpé est acquitté sur l'infraction qui a motivé l'incarcération préventive.

L'esprit de la loi de 1892, ses termes larges, nous paraissent être des raisons suffisantes pour trancher la proposition dans le sens de l'affirmative. Toutefois, il est bien évident, qu'un condamné ne peut pas prétendre à la déduction de toutes les détentions préventives, qu'il a subies successivement pour des infractions antérieures à sa condamnation, lorsque celles-ci n'ont aucun rapport avec l'infraction qui légitime la peine dont il est frappé.

B. — *L'imputation de la détention préventive et la loi du 26 mars 1891, sur le sursis à l'exécution de la peine.* — On sait, qu'en vertu de la loi du 26 mars 1891, dite loi Bérenger, les juges ont le droit, en prononçant une condamnation, d'ordonner par décision motivée, qu'il sera sursis à l'exécution de la peine si l'inculpé n'a pas antérieurement encouru de condamnation pour crime ou pour délit. L'effet du sursis est de suspendre l'exécution de la peine pendant cinq ans. Si dans ce délai le condamné n'est pas repris, il est réhabilité de plein droit et son casier judiciaire ne doit plus mentionner la sentence qui a prononcé la peine. Si au contraire, il se laisse aller à de nouvelles infractions, si de ce chef il encourt une nouvelle condamnation à l'emprisonnement, il est déchu du bénéfice du sursis et la première condamnation doit être mise à exécution, sans qu'elle puisse se confondre avec la seconde.

La loi de 1891 doit être rapprochée de la loi de 1892 sur l'imputation de la détention préventive.

Au cas où une même décision judiciaire refuse à la fois l'imputation, par une disposition spéciale et motivée, et le sursis, en gardant le silence sur ce point, il ne se produit rien de remarquable ; le condamné subit immédiatement toute sa peine.

S'il y a imputation de la détention préventive et refus de sursis tacitement consacrés, le condamné subit dès lors sa peine diminuée de la durée de la détention.

Si l'imputation est refusée et le sursis accordé par dispositions motivées, le condamné devra, s'il encourt une nouvelle condamnation dans les cinq ans, subir toute la peine prononcée sans déduction de la détention préventive. Dans le cas contraire, la condamnation sera effacée du casier judiciaire.

Enfin, dernière hypothèse, qui est celle où les choses se compliquent ; l'imputation a été tacitement admise et le sursis a été ordonné par disposition motivée. Si le condamné reste cinq ans sans encourir de condamnation, tout s'arrange à souhaits, la réhabilitation qui s'opère ipso facto supprime la sentence et partant la possibilité de la mettre à exécution. Mais au contraire, s'il y a déchéance du sursis, la condamnation devra être ramenée à exécution, diminuée toutefois de la durée de la détention préventive.

Sur ce point, prenons deux espèces. Un inculpé est resté un mois en prison préventive ; il est ensuite condamné à deux mois de prison avec sursis et l'imputation est consacrée par le silence des juges. Qu'a-t-on voulu? La peine de deux mois de prison prononcée est probablement un peu rigoureuse pour le délit, car, dès lors que le sursis est ordonné, il faut chercher, autant que possible, à empêcher le délinquant de tomber dans de nouvelles erreurs; le meilleur moyen, à cet effet, est de prononcer une peine sévère et d'avertir le condamné qu'il aura à la subir s'il récidive. Eh bien, le but se trouve manqué par suite de l'imputation de la détention préventive ; si le condamné est repris il n'aura plus, dans notre hypothèse, à subir qu'une peine diminuée et tronquée de moitié. Allons plus loin dans une seconde espèce. Un inculpé a fait un mois de prison préventive ; il est ensuite condamné à un mois de prison avec sursis, et les juges, muets sur la question d'imputation, admettent son principe, qu'arrive-t-il ? Si le condamné tombe dans de nouveaux écarts, il sera impossible de prétendre à lui faire exécuter la moindre partie de la peine dont il a été frappé ; elle est purgée d'avance. Que devient alors l'effet salutaire de l'avertissement donné au condamné ? Que reste-t-il de la loi Bérenger ? Rien, qu'un champ largement ouvert aux supercheries et aux combinaisons malsaines.

Nous entendons bien, qu'on peut objecter que les juges ont toujours la faculté d'écarter l'imputation par une décision spéciale et motivée, et que par conséquent, s'ils craignent de voir éluder la loi et déjouer ses intentions par des malfaiteurs trop savants et trop habiles, ils ont un moyen facile de leur enlever la possibilité de nourrir un tel espoir. Mais, les juges ne peuvent pas, lorsqu'ils accordent le sursis, lire au fond de l'âme de l'individu qu'ils font bénéficier de cette faveur ; ils n'ont donc pas de motif, dès à présent valable, pour lui refuser l'imputation de la détention préventive. Serait-il d'ailleurs logique, de déclarer par une même sentence qu'un condamné est digne d'une faveur mais indigne d'un droit qu'on ne peut lui enlever qu'exceptionnellement par décision spéciale et motivée ? La pratique est du reste là pour démontrer que l'imputation n'est jamais refusée à qui bénéficie du sursis à l'exécution de sa peine. Dans ces conditions, nous estimons, que les arguments que nous avons fait valoir doivent être regardés comme une sérieuse critique de l'imputation de la détention préventive.

C. — *L'imputation de la détention préventive et la loi du 5 juin 1875 sur le régime des prisons départementales.* — La loi du 5 juin 1875 dispose, que les inculpés détenus préventivement doivent être soumis à l'emprisonnement individuel. C'est là une règle que nous connaissons déjà, de même que nous savons aussi que cette mesure n'a pas pu être appliquée partout à raison de difficultés pratiques. D'autre part, la même loi veut que les condamnations à l'emprisonnement, subies sous le régime cellulaire, soient de plein droit réduites d'un quart, pourvu qu'elles dépassent trois mois et que le condamné ait passé trois mois consécutifs dans l'isolement.

Il faut combiner cette disposition avec le principe de l'imputation de la détention préventive. Lorsqu'un inculpé aura été préventivement soumis à l'emprisonnement cellulaire pendant une période consécutive de plus de trois mois, on devra ajouter au temps matériel de la détention un quart en sus, avant de déduire la durée de l'incarcération de la peine encourue. Cette solution ne souffre aucune difficulté; la loi estime d'une façon générale que l'emprisonnement individuel est plus dur que l'emprisonnement en commun; elle croit, en conséquence, devoir établir entre eux une proportion qu'il n'y a pas de raison d'écarter lorsqu'il s'agit de la détention préventive et de l'imputation de cette détention.

D. — *La loi de 1892 est-elle applicable en matière militaire.* — Les Codes de justice militaire pour l'armée de terre et pour l'armée de mer, du 9 juin 1857 et du 4 juin 1858, ont consacré, relativement à l'exécution et au point de départ de la durée des peines, un système spécial distinct de celui du Code pénal qui, à défaut de disposition contraire, devrait se suffire à lui-même. Voici quel est ce système : « Les peines prononcées par les tribunaux militaires (ou de la marine) commencent à courir, savoir : — celle des travaux forcés, de la déportation, de la détention, de la réclusion et du bannissement à partir du jour de la dégradation militaire ; — celle des travaux publics, à partir du jour de la lecture du jugement devant les troupes (ou devant l'équipage). — Les autres peines comptent du jour où la condamnation est devenue irrévocable. — Toutefois, si le condamné à l'emprisonnement (à l'inaptitude à l'avancement ou au cachot ou double boucle) n'est pas détenu, la peine court du jour où il est écroué» (art. 200 du Code de justice militaire pour l'armée de terre; art. 258 du Code de justice militaire pour l'armée de mer).

Une loi du 9 avril 1895 est venue appliquer le principe de l'imputation de la détention préventive aux peines prononcées par les Tribunaux de justice maritime. Un projet de loi a été également déposé pour étendre ce même principe aux peines infligées par les conseils de guerre des armées de terre. Il est d'ailleurs logique que les Codes de justice militaire soient sur ce point mis en harmonie avec le Code pénal.

E. — *Non rétroactivité de la loi de 1892.* — L'article 2 de la loi du 15 novembre 1892 dispose que « la présente loi n'aura pas d'effet rétroactif ». Les raisons de cette non-rétroactivité ont été fort bien expliquées par M. le sénateur Morellet dans son rapport du 3 juillet 1891. Nous lui empruntons ce qui suit en résumant l'exposé des motifs.

Si la loi de 1892 avait fait de l'imputation une règle toujours obligatoire pour les juges, il est certain qu'elle devrait rétroagir et s'appliquer aux peines en cours d'exécution. Il est en effet de principe, que les lois qui créent un traitement plus doux doivent avoir un effet rétroactif. Il serait en outre facile d'appliquer la nouvelle disposition aux peines prononcées avant sa mise en vigueur, puisque, dans tous les cas, l'intégralité de la détention préventive devrait être déduite de la peine.

Si au contraire, la loi nouvelle avait disposé que l'imputation ne pourrait s'opérer que si elle était prononcée par les juges, il serait impossible de lui prêter un effet rétroactif, puisqu'on ne pourrait pas suppléer à l'absence de disposition relative à l'imputation dans la sentence de condamnation.

Mais la loi de 1892 consacre un système mixte. L'imputation est de droit, à moins qu'elle ne soit écartée par une disposition spéciale et motivée. Il en résulte, qu'aujourd'hui, il y a trois classes de condamnés ; ceux pour lesquels l'imputation a lieu pour le tout ; ceux pour lesquels elle n'a lieu que pour partie ; ceux pour lesquels elle est écartée. Admettons un seul instant la rétroactivité de la loi, que se produit-il ? Les condamnés du passé, dont la peine est en cours d'exécution, voient tous s'opérer l'imputation intégrale de la détention préventive qu'ils ont subie, car il n'est pas possible d'apporter de limitation actuelle à leur droit. La rétroactivité aboutirait donc à cette conséquence, que les individus condamnés sous une législation défavorable à l'imputation, bénéficieraient toujours de la déduction intégrale de l'incarcération préventive, tandis que les individus condamnées sous le régime nouveau, favorable à l'imputation, seraient plus mal traités, puisque la déduction de la détention pourraît être rejetée pour partie et même pour le tout.

Pour ne pas aboutir à un résultat aussi choquant, le législateur de 1892 a décidé que la loi nouvelle n'aurait pas d'effet rétroactif.

F. *Exécution des condamnations emportant imputation.* — Aux termes de l'article 376 du Code d'instruction criminelle, le procureur général et ses auxiliaires sont chargés de faire exécuter les jugements et arrêts de condamnation. Il peut se faire, que de très bonne foi les fonctionnaires du Ministère public se trompent sur l'interprétation qu'il convient de donner à la sentence dont l'exécution est confiée à leur soin. Spécialement, dans la matière dont nous nous occupons, il est possible qu'une erreur soit commise dans le calcul de la durée de détention préventive à imputer sur la peine. Que doit alors faire le condamné qui croit avoir droit à sa liberté avant le moment fixé pour son élargissement? Il est de jurisprudence constante, que la contestation ainsi née doit être tranchée par la juridiction dont le jugement ou arrêt donne lieu à difficultés. On fait valoir à l'appui de cette solution que le Tribunal, qui a prononcé la condamnation, est incontestablement le mieux placé pour savoir ce qu'il a voulu; on invoque encore par analogie l'article 472 du Code de procédure qui en décide ainsi en matière civile.

Mais alors, le Tribunal devant lequel est portée la contestation relative à l'imputation de la détention préventive, peut-il modifier sa décision première et retoucher le point afférent à l'imputation? M. Georges Vidal, dans son étude sur la loi de 1892, s'exprime ainsi: « Pour l'imputation de la détention préventive, la loi a tout prévu et réglé d'avance: en cas de silence des juges, l'imputation est légale et intégrale. Il ne peut y avoir aucun doute, il n'y a pas omission, au point de vue légal ; et si en fait, il y a oubli des juges, il n'est pas réparable, parce qu'il y a, par suite de l'irrévocabilité de la décision, droit acquis du condamné à l'imputation intégrale. .... Il s'agit donc plutôt de l'interprétation de la loi et de l'application exacte de ses dispositions que d'une question d'interprétation et d'une difficulté d'exécution de la sentence de condamnation .» — Mais, il y a le plus souvent urgence à statuer, la contestation étant surtout de nature à se produire au moment où le condamné pense avoir achevé de purger sa peine. Ne doit-on pas alors admettre, que le détenu peut saisir de sa demande le Tribunal le plus proche de l'endroit où il est incarcéré, afin d'éviter les lenteurs qu'occasionnerait une démarche auprès du Tribunal, éloigné peut-être, qui a prononcé la condamnation? Un grand nombre d'auteurs (V. Vidal, Bertauld, Trébutien, Villey,

Garraud) se rangent à cette opinion, en se fondant sur des nécessités pratiques et sur des analogies civiles (V. art. 805 C. pr. civ.. « les demandes en élargissement seront portées au Tribunal dans le ressort duquel le débiteur est détenu ». Art 472: « L'exécution appartiendra au Tribunal ou à la Cour de qui émane le jugement ou l'arrêt, sauf dans les cas de demande en nullité d'emprisonnement »). Nous pensons en outre, qu'il faut admettre que le condamné peut s'adresser à un Tribunal civil aussi bien qu'à un Tribunal correctionnel, puisque, dès lors que la difficulté ne doit pas être tranchée par le Tribunal même qui a prononcé la condamnation, il n'y aura pas de raison pour n'accorder en la matière compétence qu'aux seuls Tribunaux correctionnels.

Qu'arriverait-il, si l'individu qui se croit injustement détenu s'évadait ou tentait de s'évader? Tomberait-il sous le coup de l'article 245 du Code pénal ? On l'a nié, en se fondant sur ce qu'il résulte de lois antérieures au Code de 1808 que la loi n'entend punir que l'évasion des gens légalement détenus. Mais, alors même qu'il devrait en être ainsi aujourd'hui, nous ne pensons pas que l'argument puisse porter. L'individu maintenu en prison après l'expiration de sa peine, par suite d'une erreur dans l'imputation de la détention préventive, est plutôt injustement qu'illégalement détenu; il ne peut pas se faire justice à lui-même et n'a qu'un moyen de faire reconnaître le bien-fondé de ses prétentions, c'est d'employer les voies de droit qui sont mises à son service.

TITRE II

DE L'INDEMNITÉ A ACCORDER AUX DÉTENUS DÉCLARÉS INNOCENTS

La loi de 1892, que nous avons analysée, a consacré le principe de l'imputation de la détention préventive comme compensation à l'incarcération subie avant toute condamnation. Nous avons dit, que, selon nous, cette règle ne devrait pas être séparée de son corollaire naturel, à savoir l'attribution d'une indemnité aux individus reconnus innocents après avoir été soumis à la détention préventive. Pourquoi en effet les coupables auraient-ils droit à une compensation de la détention antérieure à leur condamnation, alors que les innocents, incontestablement plus intéressants, ne bénéficieraient d'aucun avantage équivalent. Au reste la question n'est pas neuve. Elle fit l'objet de revendications dans les cahiers du Tiers-État, lors de la réunion des États-Généraux de 1789. A l'Assemblée Constituante, Duport qualifia l'indemnité de « dette de la société ». Depuis, d'éminents juriconsultes et magistrats ont soutenu la même cause. Malgré toutes les tentatives et tous les raisonnements, notre législation pénale n'a pas consacré le principe du droit à l'indemnité des détenus déclarés innocents (1).

Lors des travaux préparatoires de la loi du 10 juin 1895 « sur la révision des procès criminels et les indemnités à accorder aux victimes d'erreurs judiciaires », la Chambre des députés, puis la Commission du Sénat, proposèrent d'étendre le droit de demander une indemnité, même au cas où l'erreur judiciaire n'aurait pas été consommée par une condamnation.

Le 7 avril 1892, la Chambre des députés adoptait le principe de l'indemnité et ajoutait la disposi-

(1). Plusieurs législations étrangères accordent une indemnité aux inculpés reconnus innocents, qui ont subi une incarcération préventive.

Canton de Vaud (l'individu qui bénéficie d'une ordonnance de non-lieu a droit à des dommages et intérêts ; le même droit ne lui est pas reconnu en cas d'acquittement). *Canton de Berne* (ont droit à l'indemnité les individus acquittés ou relaxés par ordonnance de non-lieu, non seulement au cas où ils ont été reconnus innocents, mais encore lorsqu'ils ont été renvoyés des fins de la poursuite pour insuffisance de preuves, — C'est croyons-nous aller trop loin). *Canton de Fribourg*, *Canton de Neufchâtel*. *Suisse* (le préjudice matériel résultant de la détention préventive donne ouverture à des dommages et intérêts en faveur du détenu reconnu innocent). *Norvège* (le détenu a droit à une indemnité alors même qu'il ne serait renvoyé des fins de la poursuite que pour insuffisance de preuves). *Danemark* (des dommages et intérêts doivent être alloués au détenu reconnu innocent, et aussi à celui qui, jugé coupable, n'est passible que de l'amende ou de l'emprisonnement simple). *Mexique* (tout individu acquitté après avoir justifié de sa complète innocence a droit à des dommages et intérêts, sans qu'il y ait lieu de distinguer s'il a été ou non préventivement détenu).

tion suivante au nouvel article 446 C. i. c. : « Toute personne poursuivie pour crime ou pour délit et acquittée, toute personne arrêtée préventivement sous l'inculpation d'un crime ou d'un délit dont l'instruction sera clôturée par une ordonnance ou un arrêt de non-lieu, aura la faculté de demander une indemnité qui pourra lui être accordée dans les cas suivants : — 1° Lorsqu'une autre personne aura été définitivement condamnée pour le même fait ou ne pourra plus l'être, conformément au deuxième alinéa du paragraphe 3 de l'article 443 ; — 2° Dans les cas prévus par les paragraphes 3 et 4 de l'article 443 pour le faux témoignage. — 3° Lorsqu'il résultera de la décision mettant fin aux poursuites que le fait ne constitue ni crime ni délit. — L'action sera introduite dans les trois ans, du jour où le fait générateur du droit aura été connu de l'intéressé, par simple requête adressée à M. le Président du Tribunal ou de la Cour du lieu où l'arrestation se sera produite, où l'ordonnance ou l'arrêt de non-lieu aura été rendu, où l'acquittement aura été prononcé ».

Ainsi donc, le texte voté par la Chambre accordait dans trois cas limitativement énumérés, le droit de demander une réparation pécuniaire: 1° aux prévenus et accusés acquittés, qu'ils aient été détenus préventivement ou non ; 2° aux inculpés qui, après avoir été soumis à la détention préventive, auraient bénéficié d'une ordonnance ou d'un arrêt de non lieu. On ne saisit pas bien le motif de la distinction établie entre les acquittés et les inculpés renvoyés des fins de la poursuite par ordonnance de non-lieu. Pourquoi les seconds ne pourraient-ils obtenir une indemnité que s'ils ont été détenus, alors que les premiers auraient la possibilité de prétendre à des dommages et intérêts dans tous les cas? L'honneur et les intérêts des uns comme des autres ont pu souffrir de la poursuite; il semble donc juste de les traiter sur un pied d'égalité.

Le lendemain de l'adoption, par la Chambre des députés, du texte que nous venons de rapporter, le Sénat était saisi de la proposition. Mais le gouvernement, vu les difficultés qui pouvaient surgir de l'ensemble du projet de loi sur la révision des procès criminels et les indemnités à accorder aux victimes des erreurs judiciaires, invita le Conseil d'État à formuler un avis. Le Conseil, sur le rapport de M. Jacquin, rédigea un contre-projet que le Garde des Sceaux déposa au Sénat le 28 juin 1892; il n'y était pas parlé de dommages et intérêts à accorder aux individus poursuivis et ensuite acquittés ou renvoyés des fins de la poursuite par une ordonnance ou un arrêt de non-lieu.

La Commission du Sénat, qui eut à examiner ce projet, émit une nouvelle proposition additionnelle ainsi conçue : Article 447. « Toute personne ayant été détenue préventivement sous l'inculpation d'un crime ou d'un délit, qui aura été acquittée ou qui aura été l'objet d'une ordonnance ou d'un arrêt de non-lieu, pourra, si elle n'a pas donné lieu par sa faute à la poursuite, et si elle justifie d'un préjudice matériel résultant de sa détention, demander des dommages et intérêts dans les cas suivants : 1° S'il résulte de la décision mettant fin aux poursuites, que le fait imputé ne constitue ni crime ni délit ou que son innocence a été reconnue ; 2° S'il est établi avec certitude, soit par une condamnation prononcée contre un tiers, soit par des faits ou documents révélés postérieurement, qu'un autre a été l'auteur du fait imputé. — La demande peut être formée, en cas d'acquittement, au moment du jugement du fond. — Elle doit, dans tous les cas, être introduite dans les six mois du jour où le fait donnant ouverture à l'action, a été connu de l'intéressé. — Elle est jugée sur simple requête en cas de jugement correctionnel ou d'ordonnance de non-lieu, par le Tribunal du lieu où la décision a été rendue, jugeant au civil ; en cas d'arrêt d'acquittement par la Cour d'appel ou par une cour d'assises, et d'arrêt de non-lieu, par une Chambre civile de la Cour d'appel ».

On remarque que la proposition de la Commission sénatoriale n'accordait d'action en indemnité à l'inculpé acquitté ou renvoyé des fins de la poursuite, que lorsqu'il avait été soumis à la détention préventive. En outre, le préjudice matériel seul devait entrer en ligne de compte pour la fixation des dommages et intérêts.

Quoiqu'ainsi restreint, le droit de demander une indemnité ne fut néanmoins pas consacré par le Parlement, pour l'hypothèse dont nous nous occupons.

Il nous reste donc à examiner quels arguments sont invoqués contre l'allocation d'une indemnité aux inculpés déclarés innocents, et à nous demander si les raisons proposées sont décisives.

Tout d'abord, dit-on, lorsque la société poursuit un individu, lorsqu'elle s'assure de sa personne par le moyen de la détention préventive, elle ne fait qu'user d'un droit. L'intérêt général réclame la répression des infractions ; chacun doit donc se plier par avance aux conséquences que peut entraîner la recherche d'un fait punissable. S'il arrive qu'une fausse piste soit d'abord suivie, c'est infiniment regrettable, mais la société ne doit aucune compensation de ce chef à celui qui a été victime de l'erreur. L'unique obligation d'un État, en la matière, est d'assurer, par de sages mesures législatives, les plus grandes garanties possibles aux citoyens contre l'arbitraire des agents de l'autorité. D'ailleurs, ajoute-t-on, qui paierait, en somme, l'indemnité à la victime de la poursuite ? le contribuable, qui serait ainsi chargé de racheter les inadvertances de magistrats inexpérimentés. Ce raisonnement pourrait être considéré comme fort juste si la loi n'avait jamais cru devoir accorder de compensation à l'individu qui a subi une détention préventive. Malheureusement, le principe introduit par elle, de l'imputation de cette détention sur la durée de la peine, est la reconnaissance absolue du droit à la compensation. Dès lors, notre législation a l'air de consacrer des principes, quitte à ne leur ouvrir un champ d'application que là où ils ne deviennent pas trop gênants ; s'il en coûte de leur donner une sanction, on les abandonne sans considérer que la catégorie d'individus sacrifiée est précisément celle qu'il conviendrait de protéger le plus complètement. Enfin, pour donner du poids à des raisons invoquées pour les besoins de la cause, on intéresse le contribuable à la question ; est-ce sérieux ? N'est-ce pas déjà ce contribuable qui paiera l'indemnité que la loi de 1895 permet d'attribuer aux victimes des erreurs judiciaires consommées par une condamnation ? La collectivité à laquelle on sacrifie si souvent les individus, ne peut-elle pas une fois par hasard, adoucir le mal que la protection de ses intérêts a occasionné ?

Comme seconde objection, on fait valoir que consacrer le principe de l'indemnité, ce serait créer pour l'avenir deux catégories d'individus renvoyés des fins de la poursuite. Ceux-là seuls qui seraient parvenus à faire la preuve de leur innocence, et qui auraient obtenu des dommages et intérêts, seraient pleinement réhabilités aux yeux de l'opinion ; les autres, renvoyés simplement faute de preuves, se verraient perpétuellement en butte aux suppositions malveillantes de la malignité publique. Mais, actuellement, les jugements motivés des Tribunaux correctionnels ne créent-ils pas deux catégories d'acquittés ? N'y a-t-il pas aussi des inculpés qui confondent leur calomniateur et d'autres qui au contraire sont condamnés à des dommages et intérêts envers la partie civile par la Cour d'assises ou par les Tribunaux civils ? Les ordonnances de non-lieu ne peuvent-elles pas également être motivées de façons différentes, suivant que l'innocence a éclaté au grand jour ou que simplement la preuve de la culpabilité n'a pas pu être faite ? Les arrêts de non-lieu ne doivent-ils pas toujours s'appuyer sur l'un de ces deux motifs ? Il nous semble que c'est la nature même des choses qui veut qu'il y ait deux catégories d'individus renvoyés des fins de la poursuite ; il en est déjà ainsi et nous ajoutons qu'il doit en être ainsi. Personne n'ignore combien pratiquement une poursuite peut faire de tort à celui qui en a été l'objet ; de quelque façon que se termine l'affaire, il est bien rare qu'il ne reste pas un doute dans certains esprits ; qu'on ne craigne donc pas, dans le cas où l'innocence est tout à fait évidente, de soustraire au moins quelques malheureuses victimes à la déconsidération qui s'attache à leur personne, et d'affirmer hautement leur droit à l'estime publique.

Admettre la possibilité d'un dédommagement pécuniaire, ajoute-t-on encore, c'est vouloir encombrer les Tribunaux de demandes et grever le budget de lourdes charges. Mais, il nous semble que les Tribunaux n'auraient qu'à accorder l'indemnité avec parcimonie pour que les demandeurs ne s'aventurassent pas à la légère; chacun hésiterait à faire les frais d'une demande dont il devrait finalement supporter les charges. Quant à la considération budgétaire, elle ne peut pas être regardée comme une objection. L'Etat ne peut pas plus qu'un simple particulier se soustraire à une dette. S'il est reconnu débiteur, il faut qu'il s'acquitte, quoi qu'il puisse lui en coûter. D'ailleurs, l'Etat aurait un recours contre le calomniateur ou le faux témoin, voire même contre le magistrat chargé de la poursuite ou de l'instruction en cas de faute lourde commise par lui.

On tire une quatrième objection, de ce que ni le non-lieu, ni l'acquittement ne font foi de l'innocence. Si les jugements du Tribunal correctionnel et les arrêts de non-lieu sont motivés, l'acquittement en Cour d'assises ne l'est pas; pratiquement il en est de même des ordonnances de non lieu qui statuent toujours « en l'état actuel des preuves ». Tout cela ne démontre qu'une chose, c'est que le demandeur, qui est obligé de faire la preuve de son innocence, doit, si le non-lieu ou l'acquittement ne sont pas suffisamment probants, chercher ailleurs des moyens de faire valoir ses droits.

En dernier lieu, les adversaires de l'indemnité pensent que ce serait paralyser les poursuites que de soumettre l'État a une responsabilité pécuniaire que les magistrats craindraient de lui faire encourir. N'y a-t-il pas plutôt là un moyen de rassurer les consciences de ceux qui sont arrêtés par la pensée qu'une imprévoyance de leur part peut faire une victime à jamais sacrifiée et déshonorée ?

En résumé, notre opinion est qu'en l'état actuel de la législation française, avec le principe admis de l'imputation de la détention préventive, l'État ne peut pas trouver de motif plausible pour se refuser à accorder des dommages et intérêts aux innocents poursuivis par erreur, Si on avait dans tous les cas, considéré les poursuites et la détention préventive comme des nécessités sociales ne donnant lieu à aucune compensation, la question changerait de face ; on pourrait pourtant, alors encore, soutenir que des innocents sont dignes d'attentions et d'indulgences spéciales dont on n'est pas au même titre obligé de faire bénéficier des coupables.

QUATRIÈME PARTIE

LÉGISLATION COMPARÉE

SYSTÈME ANGLAIS OPPOSÉ AU SYSTÈME FRANCAIS

De toutes les législations qui nous entourent, la législation anglaise étant celle qui a le plus constamment grandi et évolué en dehors de l'influence française, est celle qu'il importe surtout d'étudier pour se rendre compte des institutions originales qu'un génie national livré à lui-même peut créer. Le peuple anglais, soucieux plus que tout autre d'assurer à chacun des garanties solides et efficaces contre l'arbitraire du pouvoir, a toujours profité de ses triomphes sur le despotisme pour affirmer et faire reconnaître ses droits à la liberté. La grande Charte de 1215 est le premier et le plus important des actes arrachés à la craintive tyrannie d'un monarque fourbe et détesté. Dans le cours des siècles, l'Angleterre a vu violer à maintes reprises ses droits les plus chers et les plus solennellement consacrés, mais toujours elle est parvenue à ressaisir ses garanties. Aujourd'hui encore, la Grande Charte du XIIIe siècle est la base des libertés anglaises; tous les actes postérieurs n'ont fait que rappeler et que préciser la protection énergique qui est due à la liberté individuelle.

Examinons donc le système anglais relatif à la détention préventive et voyons en quoi il diffère du nôtre.

Quant à l'arrestation, on se souvient qu'en France, il faut, en principe, un mandat pour légitimer cette atteinte à la liberté. S'il y a flagrant délit pourtant, les agents de l'autorité et même les simples particuliers peuvent appréhender le coupable sans ordre préalable. Cette dérogation au droit commun avait été limitée par le Code d'instruction criminelle au cas où le fait flagrant était de nature à emporter une peine afflictive et infamante; la pratique avait été plus loin et avait étendu les pouvoirs spéciaux des agents de police et des particuliers à tous les cas de flagrant délit susceptibles d'entraîner l'emprisonnement; la loi de 1863 est venue consacrer implicitement cette pratique.

En Angleterre, la règle est qu'il faut un warrant pour pouvoir procéder à une arrestation. Toutefois, il est des circonstances très nombreuses où les officiers de police et les particuliers peuvent se saisir de l'auteur d'une infraction sans ordre. Ce pouvoir leur appartient contre toute personne : 1° surprise en flagrant délit, sans qu'il y ait lieu de faire de distinctions, (le particulier sous les yeux duquel un flragrant délit se commet et qui ne procède pas à l'arrestation du coupable est puni d'une amende) ; 2° qu'ils soupçonnent de trahison, félony ou misdemeanour ; 3° qui a commis certaines contraventions (notamment les contraventions à la police métropolitaine) ; 4° qui est trouvé vagabondant et présumé méditant une félony. — Ainsi qu'on peut s'en rendre compte, la législation anglaise accorde en la matière des pouvoirs beaucoup plus larges que la législation française aux représentants de la force publique et aux simples particuliers. Mais il ne faut pas considérer ces prescriptions isolément, ni les séparer du reste des institutions. L'information en Angleterre est publique, elle revêt les formes d'un débat contradictoire entre l'accusé et l'accusateur ; le juge assiste au débat sans s'y mêler et forme sa conviction d'après les témoignages entendus. Le fardeau de la preuve incombe tout entier à celui qui allègue le fait délictueux ; il ne doit pas se bercer de l'espoir d'être aidé dans sa tâche par des aveux extorqués à l'inculpé. L'interrogatoire n'existe pas; après que les charges ont été relevées et que les faits ont été exposés, l'individu poursuivi a la faculté de répondre immédiatement, s'il croit devoir le faire, mais rien ne l'y oblige; bien plus, le juge doit l'avertir que tout ce qu'il dira pourra ensuite lui être imputé à charge, « the judge is the counsel of the prisoner ». Le débat ne se clôt pas sans que l'inculpé ou son défenseur puisse faire subir un interrogatoire à l'accusateur et aux témoins ; toutes les charges peuvent alors être reprises et discutées et chacun doit s'expliquer clairement sur celles qu'il a produites. En somme, les garanties les plus complètes sont accordées à la défense ; tout se passe sous le contrôle incessant de l'opinion publique; l'accusateur doit compte de ses accusations. On comprend dès lors que ceux qui opèrent une arrestation sans warrant, sous le couvert de leur propre responsabilité, doivent mesurer les conséquences de leur acte. Ils ont toujours à craindre la désapprobation des juges ou du public et peuvent redouter d'être actionnés en dommages et intérêts; aussi est-il pratiquement avéré que le droit assez étendu d'opérer des arrestations sans warrant ne donne lieu à aucun abus.

En Angleterre, comme en France, l'inculpé peut être traduit en justice ou par simple citation ou par voie de mise en arrestation. La délivrance des warrants appartient à un assez grand nombre d'autorités. De ce nombre sont : les juges de police, les juges de paix, les coroners (magistrats chargés d'informer en cas de mort subite ou violente) le Queens-bench, les membres du Conseil privé en cas de crime politique, le Président de la Chambre des communes si l'auteur du fait qui motive l'arrestation doit être cité devant le Parlement.

Relativement aux pouvoirs qui sont conférés aux autorités sus-indiquées d'ordonner l'arrestation, la loi anglaise ne semble pas apporter de grandes restrictions à l'appréciation discrétionnaire des juges. Pour que l'arrestation puisse être ordonnée, il suffit qu'il s'agisse de haute trahison, de crime capital (felony) ou de nature à compromettre la paix publique. que le magistrat ait vu lui-même se perpétrer le crime, ou qu'il soit affirmé sous serment devant lui qu'il a été commis ou qu'il va se commettre. Pour les délits (misdemeanours) le juge ne doit pas, en règle générale, décerner de warrant ; mais, s'il y a lieu de craindre que l'inculpé ne se présente pas, il peut alors délivrer un ordre d'arrestation ; cette faculté se change même en obligation si sur simple citation le prévenu n'a pas comparu ; enfin certains délits énumérés par la loi donnent toujours lieu à arrestation (ex.: contrebande, braconnage). Est ce à dire que la pratique anglaise soit ici plus rigoureuse pour les inculpés que la nôtre ? Nous ne le pensons pas. La législation française proscrit l'arrestation lorsque le fait reproché ne doit pas entraîner l'emprisonnement (1) ; la législation anglaise va beaucoup plus loin puisqu'elle dispose qu'en général il ne doit pas être décerné de warrant en matière délictuelle. Objectera-t-on que l'exception édictée à la suite du principe est si importante qu'elle absorbe la règle ? Nous répondrons que tout dépend ici de l'esprit de la pratique. Si les juges étaient portés à Londres à toujours craindre, de parti pris, que les prévenus ne vinssent à se soustraire à l'action de la justice, il est clair qu'alors la situation de ces derniers pourrait devenir mauvaise. Mais telle n'est pas la tendance, aussi pensons nous pouvoir affirmer que le principe n'est pas resté lettre morte. Quant à l'obligation pour le juge de décerner un warrant en cas de non-comparution sur citation, c'est là une disposition qui existe également dans notre droit (art, 91 C. i. c.) Reste certains délits particuliers pour lesquels la législation anglaise se montre particulièrement rigoureuse ; c'est sans doute là une question de mœurs et de coutumes qui ne touche pas au fond des institutions.

Tandis qu'en France le mandat d'arrêt seul doit relater l'infraction qui le motive, en Angleterre, au

(1) voir ci-dessus p. 34 l'interprétation que nous avons donnée de l'article 131 C. i. c.

contraire, tout warrant doit contenir l'énonciation du fait qui donne lieu aux poursuites. Quel avantage y aurait-il d'ailleurs à éviter de préciser le motif de l'information, puisque l'inculpé en aurait immédiatement connaissance après son arrestation, l'instruction étant complètement publique et devant donner lieu à débat contradictoire.

Le warrant peut être exécuté tous les jours même le dimanche, à toutes les heures du jour et de la nuit. Le constable qui est porteur de l'ordre d'arrestation, peut procéder en cas de nécessité par bris de portes et de vitres, mais à la condition expresse qu'il ait au préalable adressé inutilement une sommation d'ouvrir. Mittermaier, dans son traité de la procédure criminelle en Angleterre, nous apprend, page 186, note 1 « qu'un semblable pouvoir n'est concédé qu'autant qu'il s'agit de haute trahison ou de crimes graves (felony) et attentatoires à la paix publique ; mais qu'il est reconnu d'une manière générale et pour tous les cas, dans le cinquième rapport de la Commission législative criminelle, p. 18 ». — On sait qu'en France, l'arrestation peut être opérée en tous lieux le jour, mais seulement dans les endroits publics la nuit.

Notre législation veut, qu'à part le cas de fuite de l'inculpé, le juge d'instruction débute par un mandat d'amener. L'individu arrêté en vertu de cet ordre doit être interrogé dans les 24 heures;

depuis la loi de 1897, des peines sévères sont édictées contre ceux qui contreviendraient à cet égard aux prescriptions de la loi. Une fois l'inculpé interrogé, le pouvoir du juge d'instruction devient discrétionnaire, en ce sens qu'il peut délivrer un nouveau mandat, dont l'effet est de constituer l'auteur présumé de l'infraction en état de détention préventive pour tout le temps que ce magistrat juge nécessaire à l'information. — En Angleterre, l'individu arrêté doit être immédiatement amené devant le juge qui a décerné l'ordre d'arrestation ou devant un autre juge, suivant ce qui est prescrit dans le warrant. Au cas pourtant où il serait impossible d'agir aussi expéditivement, l'inculpé peut rester provisoirement détenu. La pratique, plutôt que la loi, a posé en principe que l'individu arrêté devait être amené à la plus prochaine audience du Tribunal de police, et que l'information devait commencer sur le champ.

Nous sommes ainsi amenés à parler de ce qu'est l'information en Angleterre. Tout d'abord, le ministère public n'existe pas, partant aucun contrôle n'est établi qui ressemble à celui qu'exerce le Procureur de la République en France sur les actes de l'instruction ; ni réquisitions introductives, ni communication de la procédure à un moment quelconque de l'information, ni conclusions finales. Dès l'instant où l'inculpé paraît devant le Tribunal de police, le débat s'engage publiquement entre l'accusateur et l'accusé, le juge se borne à diriger la discussion ; la procédure est accusatoire et non inquisitoriale. Pourtant, lorsqu'il y a eu mort violente ou subite, le coroner, qui, assisté d'un jury spécial, doit chercher à éclairer le mystère de la situation, procède par voie d'information pour tâcher de recueillir les preuves (1).

La procédure par accusation publique a son côté fâcheux, l'impunité pouvant en résulter si personne ne veut se charger de poursuivre la répression des infractions. Pour obvier à cet inconvénient, il s'est créé en Angleterre quantité de sociétés particulières, dont le but est de veiller à ce que certaines catégories d'infractions ne restent pas impunies ; citons

(1) Mittermaier, p. 108. — « Il est de règle qu'en Angleterre, les actes de l'information préparatoire aient lieu publiquement, sans qu'une prescription légale à cet égard puisse être invoquée. La publicité, toutefois, n'est absolument obligatoire que dans les cas où, soit le magistrat de police, soit le juge de paix, doit statuer à l'audience sur une affaire qui, par sa nature, rentre dans les causes sommaires (l. d'août 1848).... Toutefois, le juge de paix ne fait usage, en réalité de son droit d'exclusion que tout à fait exceptionnellement..... D'ailleurs, la règle de la publicité résulte implicitement de la présence ordinaire aux séances, des rédacteurs des gazettes. Quoique le juge de paix ait cru, pour de graves motifs, devoir entendre une personne secrètement et exclure le public, sans en excepter même les rédacteurs de journaux, il est d'usage qu'à la rentrée du public, ce magistrat lui fasse part de ce qui s'est passé pendant son absence. — En ce qui touche l'information par le coroner, il est reconnu qu'il dépend de lui exclusivement, d'admettre ou non la présence à son information du public en général ou de certaines personnes ». —

les associations entre propriétaires pour les vols de chevaux, les associations pour la poursuite des obcénités et contre la mendicité, la société protectrice des animaux. Chacune de ces associations a des constables attitrés. La commune ou la paroisse se charge aussi souvent de la poursuite des crimes et des délits. Il est en outre toujours loisible au ministère, de préposer à l'accusation un officier de la couronne ou un avocat agissant en son nom personnel et aux frais de l'État. Enfin, en matière de haute trahison, l'attorney général et le sollicitor, ont le droit de se porter accusateurs au nom de la couronne.

Le caractère général dc la poursuite étant ainsi établi, voyons ce que devient l'inculpé qui est amené devant le juge de paix ou de police. Tandis qu'en France, le rôle du juge d'instruction doit se borner à rassembler les preuves de l'infraction, le juge de police anglais a des attributions beaucoup plus étendues. Si l'inculpé arrive à se justifier immédiatement des accusations qui pèsent sur lui, il est aussitôt remis en liberté; si au contraire, sa culpabilité est démontrée, le juge de police devient appréciateur des charges qui ont été relevées contre lui, à telle enseigne qu'il peut, sur le champ, prononcer une peine, si les faits sont de sa compétence. Ce droit qu'a le juge de police de juger sommairement l'individu qui comparaît devant lui, constitue un des moyens les plus puissants d'abréger la durée de la détention préventive. Les statistiques démontrent qu'un grand nombre d'inculpés sont ainsi jugés dès le jour de leur première comparution, sans avoir à souffrir des lenteurs d'une instruction. « on voit par les annales des Tribunaux de police de Londres, qu'en l'année 1849, 70.666 personnes ont été mises en état d'arrestation et traduites devant les magistrats de police. De ce nombre 34.756 ont été relaxés par ces magistrats, 31,343 jugés sommairement et 4.643 renvoyés devant la juridiction criminelle. D'un document statistique comprenant l'ensemble des personnes arrêtées en 1848, en Angleterre et dans le pays de Galles, il suit que leur nombre se porte à 109.337, sur lesquels 70.124 furent condamnés sommairement, 10.116 renvoyés des poursuites par les magistrats, dans le cours de l'information préparatoire, 27.892 trouvés coupables et renvoyés devant les assises ou les sessions trimestrielles ».) (1)

Néanmoins, le pouvoir des juges de paix ou de police de juger sommairement los affaires qui leur sont soumises, ne s'étend pas aux délits les plus graves, ni, cela va de soi, aux crimes. Si donc, le juge s'aperçoit qu'il résulte des débats que les faits excèdent sa compétence, il doit préciser les charges dans une ordonnance de renvoi devant la juridic-

(1) Mittermaier, p. 91.

tion criminelle, en même temps qu'il ordonne au constable de conduire l'inculpé dans une prison déterminée (warrant commitement). L'accusation doit alors être soumise au grand jury (jury d'accusation) qui, seul, peut autoriser à déférer l'accusé aux *quater sessions* ou aux assises.

Il se peut que les faits reprochés à l'inculpé ne se trouvent pas suffisamment précisés dès la première audience, pour permettre au juge de se former une opinion sur le degré de gravité des preuves fournies ; dans ce cas, le magistrat renvoie l'inculpé pour plus ample informé, et décerne, s'il le juge à propos, un warrant dont l'effet doit être de prolonger la détention (to remand the prisoner for faither examination). Sur ce point, la législation et surtout la pratique anglaise se montrent bien autrement prévoyantes et impératives que la législation française. Le renvoi de la cause à une date ultérieure ne doit être ordonné que s'il y a des raisons sérieuses d'espérer qu'on arrivera à la découverte de nouveaux indices. La date à laquelle recommenceront les débats, doit être précisée dans le warrant, et la pratique a établi que l'ajournement ne devait pas dépasser huit jours Dans une espèce particulière, le juge ayant fixé la reprise des débats à un temps trop éloigné, le jury d'accusation fut invité à rendre un verdict d'acquittement, ce qu'il fit. Pour des motifs graves, le délai que l'usage impartit pour l'ajournement, peut foutefois être prolongé. Les statistiques viennent ici encore démontrer avec quelle rapidité les affaires criminelles se liquident en Angleterre. Le 29 août 1850, Thomas Green était poursuivi pour coups et blessures, il fut renvoyé après information, devant la justice criminelle, le 3 septembre. Deux inculpés d'extorsion, arrêtés le 27 août, furent renvoyés le lendemain devant la justice criminelle. Hager et Stephens, inculpés d'homicide le 3 septembre 1850, furent mis en accusation le 9 septembre. Tous ces accusés furent jugés entre le 16 et le 20 septembre. L'officier Pate, qui tira sur la Reine le 27 juin 1850, fut définitivement jugé le 11 juillet suivant (1). Des délais aussi courts sont faits pour surprendre des esprits français; toutefois, pour être juste, il faut reconnaître que cette rapidité de poursuites existe surtout à Londres, mais qu'il ne peut pas, par la force même des choses, en être de même dans les comtés. A ce propos, voici ce que dit M. Glasson, dans son remarquable ouvrage sur l'*Histoire du droit et des institutions de l'Angleterre*: « Une fois le prévenu arrêté, il risque parfois de rester assez longtemps en prison, s'il ne fournit pas de caution pour obtenir sa liberté provisoire. Les magistrats de police siègent à Londres et dans les grandes villes, tous les jours, mais les

(1) Central criminal, court session papers p. 374, 627, 664 — rapporté par Mittermaïer, p. 111.

petites sessions de comté ne se réunissent qu'une fois par semaine ou par quinzaine ; c'est là déjà une cause de détention préventive d'autant plus fâcheuse qu'il ne s'agit, devant ces petites juridictions, que de simples contraventions ou de délits peu importants.... En outre, si le magistrat de police découvre que le fait constitue un délit grave, il doit renvoyer le prévenu devant la juridiction supérieure, c'est-à-dire devant les cours de sessions trimestrielles. Les coupables de crimes ou de délits graves, restent donc en prison préventive jusqu'à ce qu'arrive l'époque de la session trimestrielle. Quant aux infractions les plus graves, félonies, trahisons et mêmes certains délits, ils sont de la compétence de la Cour centrale criminelle de Londres et des Cours d'assises de circuit ; la première siège pour ainsi dire, en permanence, mais les autres ne s'assemblent que tous les six mois ou même dans certaines villes tous les ans. N'est-ce pas encore là une cause de détentions qui se prolongeront fort longtemps » (1).

Après avoir constaté ces inconvénients, résultant de l'organisation des juridictions de jugement, M. Glasson se hâte d'ajouter qu'ils sont en grande partie effacés par l'usage très large qui est fait de la liberté provisoire sous caution. Nous

(1) Glasson. — *Histoire du droit et des institutions* de l'Angleterre, tome VI, § 335.

allons nous occuper de cette institution si profondément chère à l'Angleterre et essayer de faire ressortir les différences qui séparent en cette matière le système anglais du système français.

C'est de très bonne heure que les Anglais s'occupèrent d'assurer aux individus des garanties contre les emprisonnements arbitraires. La Grande Charte du XIIIe siècle ne fait elle-même que rééditer des principes posés par d'anciennes coutumes saxonnes. Dès le règne de Richard III (1483-1485), le droit de mettre les prisonniers en liberté sous caution fut reconnu aux juges de paix par un statut. Depuis, la compétenee qui avait été, à l'origine, concédée à ces magistrats, a été précisée et limitée par de nouveaux statuts, en sorte qu'il existe maintenant en la matière, un droit lentement élaboré qui découle de principes acquis.

De même qu'en France, la liberté provisoire est, en Angleterre, tantôt facultative et tantôt de droit.

S'agit-il d'un crime (felony) ou de délits graves (misdemeanours), le juge de paix ou de police peut accorder la liberté provisoire sous caution, mais rien ne lui en fait une obligation ; il a, à cet égard, un pouvoir d'appréciation discrétionnaire.

S'agit-il, au contraire, de délits non spécifiés dans la loi, la liberté provisoire est alors de droit sous caution (1).

(1) Cette pratique a été consacrée par un acte du 11 août 1848.

Si le constable a procédé à l'arrestation sans warrant, c'est à l'inspecteur de police ou au surintendant, devant lequel l'inculpé doit être immédiatement conduit, à statuer sur la mise en liberté provisoire sous caution, s'il s'agit d'un délit de nature à être jugé sommairement ou d'un dommage causé par imprudence ou par négligenee. S'il a été délivré un warrant, c'est au juge de paix ou de police qu'il appartient de statuer; il conserve son pouvoir à cet égard, alors même qu'il aurait déjà conclu au renvoi devant la justice criminelle.

Pour les accusations de haute trahison, les juges de paix ou de police ne peuvent pas autoriser la mise en liberté provisoire sous caution, ce droit n'appartient qu'au Queens'bench ou au secrétaire d'Etat.

En Angleterre comme en France, le cautionnement peut consister soit en espèces soit dans l'engagement d'un tiers. Ce dernier procédé est beaucoup plus en honneur à Londres que chez nous ; toutefois, il convient de faire remarquer qu'il est d'usage de soumettre l'inculpé personnellement au payement d'une certaine somme d'argent ; dans nombre de cas en outre, la garantie ne peut résulter que de l'engagement de deux citoyens (1). — Le juge a un

(1) Mittermaïer, p. 191.

pouvoir d'appréciation discrétionnaire relativement à la fixation du quantum du cautionnement ; il doit considérer quelle est la position sociale de l'inculpé quelle est sa moralité et quelle gravité offre l'infraction ; il ne peut pourtant pas exiger de cautionnement excessif, car cela équivaudrait à supprimer le bénéfice de la liberté provisoire.

On doit, ceci dit, faire une remarque qui est tout à l'avantage de la législation française. La liberté provisoire de droit ou facultative est toujours subordonnée, en Angleterre, à l'obligation de fournir caution. Chez nous, au contraire, lorsque d'une part, la liberté provisoire est de droit, le juge d'instruction ne peut, en aucun cas, exiger qu'un cautionnement soit versé ; lorsque d'autre part, l'admission à ce bénéfice est facultative pour le juge, il peut encore accorder la liberté au détenu sans aucune garantie, même en matière criminelle ; c'est à lui d'apprécier si la caution doit ou ne doit pas être exigée. Il ne faut pourtant pas faire un trop grand grief à la législation anglaise de ce qu'elle n'autorise la mise en liberté provisoire que moyennant caution. Le minimun de la somme à fournir n'est pas fixé d'avance, en sorte que le juge de police peut, dans certains cas, réduire à de très petites proportions le chiffre de la garantie qu'il réclame. Dans un pays où la liberté provisoire est en grande faveur il n'y a pas d'abus à craindre ; nous verrons d'ailleurs bientôt que celui qui prétend qu'on a agi à son égard avec trop de rigueur jouit de recours d'une grande efficacité.

En France, il existe, en matière criminelle, un terme nécessaire à la liberté provisoire, qui est la date à laquelle est rendu l'arrêt de renvoi de la Chambre des mises en accusation contenant ordonnance de prise de corps. Il n'en est pas ainsi en Angleterre ; l'accusé peut comparaître libre à l'audience.

Notre législation n'offre à l'inculpé que la ressource de l'opposition contre le refus du jnge d'instruction de le mettre en liberté provisoire. En Angleterre, il existe un système de protection mieux combiné et plus réel. L'inculpé peut faire appel à un juge du Queens'bench, il a même le droit, si la caution a été injustement refusée, de poursuivre le juge de paix ou de police devant cette juridiction. Il jouit enfin d'une garantie importante que consacre l'act d'*habeas corpus*.

Nous avons déjà dit qu'il fallait remonter à la Grande Charte pour trouver des règles écrites destinées à protéger les individus contre les détentions illégales. Divers statuts du XIVe siècle vinrent donner un poids nouveau aux prescriptions de la Charte en reproduisant et en précisant les principes qu'elle avait posés. Quatre moyens furent mis à la disposition des détenus pour faire cesser les emprisonnements arbitraires : 1° Le writ de *main prize* dont pouvait user l'inculpé d'offense, auquel la liberté provisoire sous caution avait été refusée ; ce writ enjoignait au Schériff d'accorder la liberté au détenu, tout en exigeant des garanties ; 2° Le writ de *otio et atia* destiné à faire vérifier par le Schériff si l'individu arrêté pour meurtre n'était pas victime d'insinuations malveillantes. Dans le cas où les présomptions ne paraissaient pas suffisantes au Schériff, il relaxait provisoirement l'inculpé moyennant caution ; 3° Le writ de *homine replegiando* par lequel le détenu obtenait du Schériff, main levée de l'ordre d'incarcération moyennant caution. L'usage de ce writ fut restreint par de si nombreuses exceptions, qu'il ne tarda pas à tomber en désuétude ; 4° Le writ d'*habeas corpus* délivré par la Cour du Banc de la Reine, par la cour des Plaids communs ou par le Chancelier, ordonnait à celui qui détenait un individu, de faire connaître la cause de l'incarcération ainsi que le jour de l'arrestation, afin que l'autorité dont émanait le writ, put statuer sur l'opportunité de la détention (1)

Les garanties dont nous venons de parler, restèrent longtemps inefficaces faute de s'imposer avec suffisamment de netteté au pouvoir arbitraire d'un gouvernement toujours prêt à violer les droits des

(1) Glasson. — *Histoire du droit et des institutions de l'Angleterre* tome V, § 335 p. 330. 341.

individus. Enfin, sous Charles II, l'act d'*habeas corpus* vint préciser les moyens d'obtenir le writ d'*habeas corpus* et plaça désormais le droit d'en faire usage en dehors des atteintes du pouvoir. Nous allons examiner la procédure consacrée par l'act d'*habeas corpus*.

1° Tout individu mis en état d'arrestation, qui pense que quelqu'illégalité ou quelqu'injustice a été commise à son encontre, soit que le warrant contienne un vice de forme, soit qu'il ait été décerné par une autorité incompétente, soit qu'il n'existe pas d'ordre d'arrestation, soit encore que l'inculpé prétende avoir droit à la liberté provisoire sous caution raisonnable, peut exiger à bref délai une copie du warrant en vertu duquel il est détenu. Une fois muni de cette pièce, l'inculpé doit l'adresser, accompagnée d'une requête, à un juge du Banc de la Reine ou au lord Chancelier.

2° Le magistrat saisi de la demande régulière formée par le détenu, doit délivrer un writ d'*habeas corpus* par lequel il est enjoint à qui de droit d'amener immédiatement (1) l'inculpé devant la Cour. Si le writ d'*habeas corpus* est refusé, une amende de 500 livres, dont bénéficie l'individu lésé, est, par ce seul fait, encourue. Le geôlier qui n'obéit pas aux termes du writ, se voit infliger une amende de 100 livres ou de 200 livres en cas de récidive.

(1) Le délai est de 20 jours maximum.

3° Aussitôt que le détenu est amené devant la Cour, un débat public commence. S'il apparaît que la détention est illégale ou injuste, l'élargissement est ordonné, en même temps qu'il est statué sur les conditions de la mise en liberté; dans le cas contraire, la détention est maintenue.

4° Quiconque a été mis en liberté à la suite d'un writ d'*habeas corpus* ne peut plus être repris à peine de 500 livres d'amende contre qui ordonnerait l'arrestation.

Il convient en outre de faire quelques remarques. D'abord, si l'état d'indigence du détenu ne lui permet pas de faire les frais de la procédure, ce n'est néanmoins pas là un obstacle à l'obtention du writ d'*habeas corpus* En second lieu, les parents et amis du détenu peuvent intenter la demande sous forme de requête, en produisant l'ordre d'arrestation. Enfin, si l'inculpé se trouve dans un comté, la demande d'*habeas corpus* est transmise à Londres; la Cour procède ensuite par voie de commission rogatoire, puis statue d'après les renseignements recueillis, sans avoir entendu l'inculpé. Cette façon de faire, qui pourrait donner lieu à des abus dans un pays moins favorable à la liberté provisoire que ne l'est l'Angleterre, ne fournit, dans la pratique, matière à aucune réclamation.

En dehors de la garantie générale, qui résulte de l'act d'*habeas corpus*, il en existe une autre plus usuelle et plus simple. D'une part, tout juge ou président du Tribunal a le droit d'admettre à fournir caution, l'inculpé détenu dans le ressort de sa juridiction ; d'autre part, tout membre de la Cour suprême, délégué à présider les assises, est investi des mêmes pouvoirs (le juge qui préside les assises dans les comtés, porte même le nom de *justice of gaol delivery*). Il est prescrit, à l'effet de faciliter l'exercice de cette faculté, de remettre au juge, la liste des détenus renvoyés devant la justice criminelle. L'accusation capitale autorisée par le grand jury est toutefois un obstacle à la mise en liberté par le juge président des assises.

Il nous reste à parler d'une particularité du droit anglais relative à l'arrestation des individus simplement soupçonnés de méditer une infraction ou de vouloir troubler l'ordre public. Quiconque a proféré des menaces de nature à donner des inquiétudes sur ses intentions, quiconque, par sa conduite habituelle éveille l'attention de la justice, peut être arrêté sur l'ordre du juge de paix ou de police, et incarcéré, s'il ne se soumet pas à fournir caution comme garantie de sa conduite future. Jadis, le temps de l'incarcération ainsi ordonnée n'était pas limité ; aujourd'hui, la durée de l'emprisonnement ne peut pas, dans ce cas, dépasser une année, mais l'individu élargi, peut être à nouveau appréhendé et incarcéré, s'il ne peut pas fournir caution pour l'avenir. M. Glasson est d'avis que « ce sont là des lettres de cachet au petit pied ». Il est certain que le droit d'arrêter un individu sur craintes vagues, peut paraître exorbitant, alors surtout qu'une détention assez longue peut s'en suivre. Néanmoins, tout se résume, pensons-nous, au point de savoir quel usage on fait de ce droit dans la pratique. Ivrognes, vagabonds, calomniateurs, gens sans aveu, tels sont les individus ordinairement incarcérés faute de pouvoir fournir des garanties suffisantes de bonne vie et mœurs. A l'encontre d'individus de cette catégorie, qui sont un perpétuel danger pour la société, les mesures les plus arbitraires ont leur légitimité; un certain nombre d'entre eux ne se plaignent d'ailleurs pas trop qu'on songe à pourvoir à leur logement et à leur subsistance. S'agit-il, au contraire, de gens d'un niveau social plus élevé, qui accidentellement font naître des craintes sur les projets qu'ils méditent, il est probable qu'ils ne seront pas en peine de trouver des garants de leur bonne conduite; nous dirons même que s'ils ne trouvent personne pour répondre d'eux, c'est que l'opinion publique ratifie la suspicion dont ils sont l'objet, ce qui légitime les mesures exceptionnelles auxquelles l'autorité peut recourir. Enfin, il est une application de la caution préventive de bonne conduite dont il est impossible de ne pas reconnaître l'heureux effet. Lorsqu'un individu a commis une faute légère ou troublé l'ordre public; le juge de paix ou de police préfère souvent lui imposer de fournir caution comme garantie de sa conduite future, plutôt que de lui infliger immédiatement une peine à raison de sa faute[1]. Ainsi comprise, la caution préventive vise au même but que notre loi Bérenger ; elle a même sur le sursis cette supériorité de ne pas entraîner pour un temps relativement long, l'inscription d'une condamnation au casier judiciaire.

Après avoir étudié le système anglais relatif à la détention préventive et à la liberté provisoire, on éprouve presque une déception. On avait si souvent entendu dire que notre droit français était loin d'être aussi libéral et aussi favorable aux inculpés que le droit anglais, qu'on s'attendait à voir ressortir de la comparaison établie, des divergences fondamentales entre les deux législations. Tout ne peut pas se résumer, comme on le croit vulgairement, en ces mots symboliques « *habeas corpus* » qu'il faut d'ailleurs bien se garder de considérer comme attestant le droit des inculpés à la liberté provisoire sous caution. Est-ce à dire qu'on se trompe grossièrement en affirmant que la liberté individuelle est protégée en Angleterre de façon

(1) Cette pratique a été consacrée par une loi du 8 août 1887.

toute différente qu'en France ? Non certainement, seulement il faut envisager le système anglais sous plusieurs faces; trois éléments concourent à lui donner un caractère original, les textes, le mécanisme des institutions, l'esprit de la pratique.

Quant aux textes, ce n'est peut-être pas eux qui méritent le plus d'attention. A la différence de ce qui se passe en France, tout n'est pas minutieusement règlementé et codifié: quelque chose de supérieur plane au-dessus des lois dont celles-ci ne sont qu'une émanation incomplète. Il en résulte qu'à ne prendre que les statuts, on ne peut pas dire que la législation anglaise soit très différente de la nôtre au point de vue des garanties accordées à la liberté individuelle. Un texte pourtant, fondamental, consacre un droit *sui generis*, c'est l'act d'*habeas corpus;* par lui se trouve si énergiquement assuré le recours du détenu à une juridiction supérieure, qu'il est impossible de concevoir que la garantie qui en résulte puisse être jamais refusée [1]. En France, le détenu peut exercer divers recours tendant à lui faire obtenir sa liberté provisoire, mais la juridiction qui doit connaître du recours varie suivant les cas; l'act d'*habeas corpus* place au-dessus de toutes les juridictions la Cour du Banc de la

(1) Il est bon de noter que dans des circonstances graves, l'*habeas corpus* peut être suspendu avec l'assentiment du Parlement.

Reine, devant laquelle l'inculpé peut toujours faire valoir ses prétentions. Mais, en définitive, un recours n'est qu'une façon de faire reconnaître un droit contesté à tort et ne constitue pas à lui seul un droit nouveau. Il nous faut donc chercher en dehors de la lettre de la loi ce qui fait du système anglais une pratique très favorable aux inculpés.

Quant aux institutions générales, la procédure d'information anglaise diffère complètement de la nôtre. Nous avons vu combien le juge de paix ou de police anglais, ressemble peu au juge d'instruction français. Son droit de justice sommaire dans les affaires de minime importance est une des causes les plus importantes d'abrègement de la détention préventive. L'individu arrêté est immédiatement conduit devant le magistrat, sans qu'il y ait place entre la date de l'arrestation et celle de la comparution à l'audience du juge, pour aucune enquête préalable, comparable à celle qui intervient si souvent en France. On abuse chez nous des instructions lentes et minutieuses; un temps fort long se passe à accumuler les charges, à les contrôler et à les discuter; les interrogatoires succèdent aux interrogatoires; il faut arriver à l'audience avec un monceau de preuves et de commentaires; s'il y a plusieurs infractions connexes relevées contre un même individu, on instruit sur toutes, ce qui entraîne l'audition d'un nombre parfois ridicule de témoins ; si l'inculpé avoue les faits qui lui sont reprochés, on n'abrège pas sensiblement pour cela l'information, car le souci de l'exactitude et de la précison est poussé à l'extrême. En Angleterre, au contraire, on cherche autant que possible à ne pas faire de besogne inutile ; tout interrogatoire est écarté comme dangereux pour l'inculpé et comme offrant l'inconvénient de retarder l'information (1). L'accusateur qui n'ignore pas que toute la charge de la preuve lui incombe. a soin de préparer d'avance tous ses moyens et de s'assurer le concours des témoins qui peuvent éclairer le débat ; il est donc bien rare, qu'on arrive devant le juge de police sans être dès l'instant muni de preuves suffisantes pour faire pleine lumière. Le Ministère public n'existant pas, aucun retard n'est apporté à la marche de l'information, par la comunication de la procédure au procureur (2). En somme, tout concourt à assurer une marche des plus rapides à l'instruction ; nous avons démontré d'ailleurs, par des exemples, combien il s'écoule peu de temps entre la date de l'arrestation et celle de la clôture de l'information. La seule cause qui, à l'encontre des précédentes, tende à prolonger la détention

(1) V. Mittermaier, p. 253 — (*Critique du système français d'information*).

(2) Il convient de noter qu'on se plaint, en général, en Angleterre, du manque de Ministère public.

préventive, est l'intervalle qui s'écoule entre les sessions des différentes juridictions de jugement. Les petites sessions de comtés appelées à statuer sur des délits de peu d'importance ne se réunissent qu'une fois par semaine ou par quinzaine ; pour les délits plus graves, il y a des cours de sessions trimestrielles ; enfin les cours de circuit qui connaissent des félonies ou des trahisons ne se réunissent que tous les six mois. Ces retards apportés à la liquidation des affaires font, en Angleterre, l'objet de vives réclamations. L'act d'*habeas corpus* a beau établir le droit des détenus pour trahisons ou félonies, à être jugés dans la première semaine de la vacation la plus proche, ou sinon à être mise en liberté provisoire, il n'en est pas moins certain, que dans nombre de cas, les inculpés doivent attendre fort longtemps leur jugement.

Mais ici apparait un tempérament puissant aux inconvénients que nous venons de signaler. L'esprit de la pratique est éminemment favorable à la mise en liberté provisoire. On peut bien, en analysant des textes, fixer d'une façon précise quand un bénéfice s'impose et quand il n'est que facultatif; mais pour apprécier le cas qui est fait du droit absolu et l'application qui est réservée à la faculté, il est indispensable d'avoir recours aux enseignements de la pratique. En Angleterre, la liberté provisoire est ancrée dans les mœurs; à défaut d'exemples pour en faire foi, il suffirait de considérer les garanties nombreuses dont sont entourés les inculpés; garanties qui ne peuvent aboutir qu'à la protection la plus entière de la liberté. Parmi celles-ci se trouve en première ligne la publicité complète de l'information, qui a pour effet de soumettre au contrôle de l'opinion publique, toutes les mesures qui sont prises contre les individus arrêtés et amenés à l'audience du juge de paix. La lutte que le peuple anglais avait entreprise de très bonne heure, pour assurer le respect de la liberté individuelle, a non seulement triomphé de toutes les résistances, mais encore gagné tous les esprits à la cause libérale qu'elle soutenait. Aujourd'hui, il est infiniment rare de voir s'élever des réclamations contre les décisions des juges, relatives à la mise en liberté provisoire; c'est à peine s'il se produit dans les comtés quelques rares demandes appuyées sur l'act d'*habeas corpus*; les garanties courantes et usuelles sont largement suffisantes pour assurer à chacun qu'il ne sera pas maintenu en état de détention préventive injustement ou illégalement. En Angleterre, l'inculpé est un innocent, cela ressort clairement de la façon dont il doit être traité et dont on le traite en fait; il est dès lors naturel qu'il faille pousser cette conception jusqu'au bout, et que la liberté provisoire devienne, pour ainsi dire, la sanction naturelle de cette manière de voir.

Ce respect de la liberté, que la magistrature partage avec le peuple, crée en retour une grande déférence des citoyens pour la justice et pour ses auxiliaires. La police, particulièrement, est à Londres bien plus en honneur qu'à Paris. Comme il n'existe pas d'accusateur public, les particuliers se trouvent beaucoup plus constamment en rapport avec les agents de l'autorité que chez nous; ils ont, lorsqu'ils ont subi un dommage, besoin de combiner leurs efforts avec ceux des constables, pour arriver à rassembler les preuves de l'infraction. C'est ainsi que la poursuite des délits et des crimes étant laissée à l'initiative privée, rend tous les citoyens plus aptes à comprendre quelle est l'utilité de ceux qui protègent la société contre les malfaiteurs.

En résumé, la procédure d'information anglaise, qui s'est développée sous d'autres influences que la nôtre, est empreinte, dans toutes ses prescriptions, du plus grand respect pour la liberté individuelle ; elle entoure de garanties multiples la personne de l'inculpé, en même temps qu'elle s'efforce d'activer autant que possible, la marche de l'instruction. Néanmoins, ce serait une erreur de croire que la mise en liberté provisoire sous caution constitue, dans tous les cas, un droit pour l'inculpé. Rien de semblable ne peut être découvert dans les institutions de l'Angleterre, mais la pratique se montre nettement favorable à la substitution du cautionnement à la détention, toutes les fois que cette mesure peut se concilier avec les intérêts de la répression.

CONCLUSION

La législation française, après avoir longtemps hésité et tergiversé, est entrée depuis quelques années dans la voie des réformes propres à garantis la liberté individuelle contre l'arbitraire de l'autorité. Mais, une pratique judiciaire, enracinée depuis cinq siècles dans un pays, ne se réforme pas en un jour. Dans l'impossibilité où l'on est de faire de la liberté provisoire la règle absolue, applicable à toutes les hypothèses, il faut nécessairement laisser un pouvoir d'appréciation plus ou moins étendu aux magistrats chargés d'appliquer la loi. Or, c'est ici que l'esprit de la pratique dévoile ses tendances ; inconsciemment troublé par des réformes qui choquent ses habitudes, il lui faut faire un effort raisonné et pénible pour s'arracher aux errements du passé. Il appartient au législateur d'indiquer clairement la marche nouvelle qu'il entend imprimer aux idées, et pour cela, il doit affirmer avec énergie les principes qu'il consacre. Sans se défier de la bonne foi et des intentions conciliantes des magistrats, il est permis de redouter les effets de traditions trop tenaces qui influent à rebours sur l'âme du progrès. C'est pourquoi, après s'être rendu compte de ce qu'a fait le législateur, après avoir analysé son œuvre et reconnu que théoriquement elle était à peu près suffisamment libérale, il faut néanmoins faire encore appel à sa toute puissance et l'inviter à substituer des obligations aux facultés toutes les fois que cela est possible. Que le législateur multiplie aussi les garanties destinées à remplacer la détention préventive ; il rassurera ainsi la conscience alarmée des praticiens craintifs et facilitera l'évolution des idées.

Nous avons déjà le cautionnement qui, dans bien des cas, suffit largement à assurer la représentation de l'inculpé, mais l'application qu'on en fait est trop restreinte. Nous sommes de ceux qui voudraient voir réserver une large part à la mise en liberté provisoire obligatoire sans caution. Nous ne sommes pas un senl instant arrêtés par la considération que les riches seuls pourraient fournir la somme exigée, tandis que de moins fortunés seraient contraints de subir la détention préventive.

Si cinquante individus ne peuvent pas trouver de garantie suffisante à offrir pour suppléer à celle que présente l'incarcération, est-ce une raison pour que cinquante autres personnes, qui ne sont pas dans le même cas, soient inutilement écrouées? Une pareille opinion ne saurait être inspirée par l'amour de l'égalité, mais uniquement par un véritable fanatisme égalitaire.

Outre le cautionnement, il est possible de trouver encore d'autres garanties équivalentes; nous n'en voulons pour preuve que l'article 213 du Code de procédure criminelle italien réformé par une loi de 1876. Cet article ainsi conçu : « En accordant la liberté provisoire, la Chambre du conseil, la Chambre d'accusation, le Tribunal ou la Cour pourront, si les circonstances l'exigent, ordonner que l'inculpé se tienne éloigné d'un lieu déterminé, ou qu'il habite dans une commune désignée, dans la juridiction du Tribunal, soit où se fait, soit où s'est faite l'information; ou, si celle-ci est évoquée par la Chambre d'accusation, dans le ressort de la Cour d'appel, sous peine de son arrestation ou du paiement de la caution présentée. L'inculpé pourra changer le lieu qui lui est fixé pour habiter, en obtenant la permission de l'autorité qui prononce l'ordonnance d'admission à la liberté provisoire. Celle-ci pourra, dans les cas les plus graves, sous les mêmes peines en cas d'inexécution, enjoindre à l'inculpé de s'obliger par acte au greffe, de ne pas sortir de la commune dans laquelle siège le Tribunal qui procède à l'information *et de se présenter chaque jour au Palais de justice ou à l'autorité désignée.* »

M. Marcy, dans ses commentaires du Code de procédure criminelle italien est d'avis que la mesure consacrée par l'article 213, doit être regardée comme transitoire. C'est donc qu'il pense qu'on trouvera mieux encore pour la remplacer ; nous nous associons à son espoir, mais en attendant, ne pourrions-nous pas faire notre profit de la disposition telle qu'elle se présente ; il n'est pas facile, quoi qu'on en puisse dire, de se soustraire rapidement avec armes et bagages à la surveillance de la police.

En résumé, notre opinion est que la détention préventive ne se justifie que par l'absolue nécessité dans laquelle on se trouve d'y avoir recours. Toutes les fois qu'il est possible de concevoir un autre moyen d'assurer l'efficacité de l'instruction et la représentation de l'inculpé, l'incarcération devient inutile et, partant, vexatoire. Nous ne voulons pas douter qu'il ne vienne un jour où chacun se rendra un compte exact de cette vérité ; peut-être même ce jour est-il prochain, car les réformes qu'a consacrées depuis quelque temps le pouvoir législatif, attestent que le siège de l'opinion est fait sur ce point et qu'il ne reste plus qu'à gagner l'esprit de quelques praticiens.

Vu :
Le Président de la Thèse,
LE POITTEVIN

Vu :
Le Doyen,
GARSONNET

Vu et permis d'imprimer :
Le Vice-Recteur de l'Académie de Paris,
GRÉARD

TABLE DES MATIÈRES

DEUXIÈME PARTIE

TROISIÈME PARTIE

Châteauroux. — IMP. P. LANGLOIS ET Cie

Châteauroux. — Typographie et Lithographie P. LANGLOIS et Cie

www.ingramcontent.com/pod-product-compliance
Ingram Content Group UK Ltd.
Pitfield, Milton Keynes, MK11 3LW, UK
UKHW020950230726
13923UKWH00007B/227

9 782019 256067